Klaus Hoffmann *Sänger*

Klaus Hoffmann *Sänger*

Sämtliche Lieder

Mit Fotos von Jim Rakete

ULLSTEIN

BERLIN

Inhalt

Vorwort

Die Avus hinunter in Richtung Wannsee an einem sonnigen Sonntagnachmittag, das Autoradio leise auf eine Popwelle eingestellt. Plötzlich drehe ich lauter: zwischen dem deutschen und internationalen Trivial-Einerlei Klaus Hoffmann mit »Sommer in der Stadt«. Warum habe ich jetzt lauter gedreht? Ein Schlager, fürwahr, eine simple Impression zu einer eingängigen Melodie geradeheraus mitgeteilt. Aber das hat eine textliche Klarheit, die die Stimmung dieses Nachmittags genau trifft, sie nicht zumüllt wie die Radio-Hits davor und danach, zu einer Tonfolge, die weder scheppert noch sülzt.

Klaus Hoffmann habe sich weiterentwickelt, konstatierte die »Frankfurter Allgemeine« nach seinem »Melancholia«-Recital Ende 2000 in der Alten Oper: »Bislang waren seine Lieder zu intellektuell und nicht eingängig genug, um bei der Masse Erfolg zu haben.« Vielleicht löst deshalb ein Lied von ihm in einem Funk-Quotenprogramm ein solches Aha-Erlebnis aus. Aber so ganz stimmt das ja auch nicht. Gerade seine älteren, komplizierten Lieder wie »Salambo«, dieser Nachtschattensong vom Rand der Gesellschaft, singt die so genannte Masse in seinen seit langem stets ausverkauften Konzerten Zeile für Zeile mit. Er selbst sagt: »Meine Themen sind immer noch dieselben, die Gefühle sind auch noch immer dieselben, aber es gelingt mir heute leichter, schwierige Dinge auszudrücken.«

Im Konzert gibt es für den Künstler, der sich selbst gern bescheiden einen »Bühnenarbeiter« nennt, schon seit den späten Achtzigern keinerlei Einschränkungen mehr. Nicht mehr ein deutscher, französischer, englischer, amerikanischer Interpret: ein Interpret. Nicht mehr Schauspieler, Liedermacher, Chansonnier; seine Vorstellung schließt alles ein, transzendiert es: l'artiste, the artist, Künstler – oder, wie es Klaus Hoffmann im Titel einer CD auf einen anderen Nenner bringt, einfach Sänger, mit Körper und Seele. Doch ich habe das Gefühl, dass sich die Intimität, die er mit dem Publikum herstellt, über die Jahre noch gesteigert hat.

Weiterentwicklung also durchaus, aber eher im Sinne einer Spirale, die mit wachsendem Alter und Erkenntnisstand zu höherer Erlebnisfähigkeit, Einsicht und Einfachheit führt. Dabei ist er immer bei sich und bei seinem thematischen Kanon geblieben. Brel zum Beispiel, der ihm nach eigener Aussage den fehlenden Vater ersetzte, der ihm auf der Bühne Bruder und als Sänger Vorbild war – geradezu zwanghaft musste er am Anfang seiner Karriere dessen Chansons »Amsterdam«, »Marieke«,

»Bitte geh nicht fort« in die eigene Sprache übersetzen: »Er schützte mich vor eng-stirnigen Kopffüßlern und er bewegte mich, wenn es mir zu eng wurde in meiner Mittelmäßigkeit.«

Es dauerte fast ein Vierteljahrhundert, bis Hoffmann mit dem charismatischen Musical »Die letzte Vorstellung« seinem Drang nachgab, »den Zustand Brel« auf der Bühne sichtbar zu machen: »Ich wusste immer, irgendwann werde ich seine Lieder neu und anders singen und von ihm erzählen als einen Traum von einem, der auszog, das Leben zu brennen – wie eine Fackel.« Als es dann im Dezember 1996 im Berliner Schillertheater geschah, urteilte die Presse: »Die Schuhe von Jacques Brel sind ihm heute zu klein.« Es war eine Rückkehr und ein Hinauswachsen zugleich.

Brel, aber auch Brassens, Serge Gainsbourg, Leo Ferré gaben ihm eine musi-kalische Tradition. Doch das Singen, erklärt er, sei ihm immer nur ein Medium gewe-sen, um Geschichten zu erzählen. Hoffmanns Erzählungen kreisen um Themen-schwerpunkte, natürlich in erster Linie um die Liebe, der er Gesichter gibt – Mona, Malene oder einfach Sie – und die er mit der romantischen Sprach-Sensibilität einer Annette von Droste-Hülshoff besingt: Wegen dir... Zwei wie wir... Komm, wir reiten den Wind.

Daneben die unerschöpfliche Kindheit, gleichermaßen geprägt von Ängsten und Geborgenheit, die unmittelbare Nähe (seine Stadt) und die mythische Ferne (Afghanistan). Sein Kiez, das war in Kindertagen die Eosanderstraße in Berlin-Charlot-tenburg: »Unser Hinterhof schloss an den Hinterhof der Schule an. Ich musste nur einmal ums Quartier herumgehen: Das war meine Welt.« Von dort, wo er klein ange-fangen hat, bis zum Friedrichstadtpalast, wo er in der Lebensmitte so groß gefeiert wird, sind es nur ein paar Kilometer: der Mikrokosmos der Metropole, in deren Historie er immer klarsichtiger schürft und deren Gegenwart er immer trefflicher illuminiert.

Er beschreibt die Menschen an der Spree und ihren vielfarbigen Humus, ein Kaleidoskop der Kieze und Charaktere. Er lässt preußische Wachbataillone aufmar-schieren und Hugenotten Cancan tanzen: »Das war die Zeit, als Berlin berlinierte/mein Opa trug 'n Gehrock und Melone und 'n Stock/ meine Oma ging in schwarz mit viel Wäsche unterm Rock/ Das war die Zeit, als Berlin noch ganz stand/das war die Zeit, als Berlin sich erfand.« Seine Miniaturen haben etwas vom Geist Zilles in ihrer Unmittel-barkeit und – das ist bei ihm kein Paradoxon – ihrer verschnörkelten Gradlinigkeit.

Hoffmann ist nach seinem eigenen Verständnis durchaus ein politischer Sänger. Er protokolliert auch den Bauboom und das Bauchgrimmen seiner Stadt nach dem Fall der Mauer: Gegenwart als Konsequenz einer rasenden Abfolge irrwitziger, verwirrender, grotesker, grausamer, katastrophaler und heroischer Bilder aus einem ganzen Jahrhundert und ihres Verflimmerns. »Berlin«, konstatiert er, »daran wird gebaut«, und er gibt seinen Alben Titel wie Flashs: »Morjen Berlin«, »Hoffmann – Berlin«, »Was fang ich an in dieser Stadt«. Manchmal hat seine Songlyrik einen journalistischen Hauch von Tucholsky, manchmal den lakonischen Hintersinn Christian Morgensterns:

ach, wenn nur einer käm
vielleicht ein Feiner
ein Gemeiner
sicherlich
ein ganz Geheimer
wenn er käm
würd mich sehn
und würde sagen
kannst mich ruhig alles fragen
und verstehn
ich glaub, ich würde mit ihm gehn
ich würd nach seinen Sternen sehn
ich wär bereit

Denn da war ja auch noch jenes Fernweh, jene unstillbare Sehnsucht nach geheimnisvollen verlassenen Gärten irgendwo nahe dem Himmel oder am Meer und die Verlockung der Straße dorthin: »Ich habe mich immer an den romantischen Figuren orientiert, an diesem Peer Gynt, an diesem Lenz, an den vielen trunkenen Schiffen, die aufbrachen, ein Land ihrer Wahl zu finden, ob in Büchern, auf der Straße oder auf dem Weg nach Goa.«

Klaus Hoffmann folgt diesem Ruf: zweimal Afghanistan in den Lehr- und Wanderjahren um 1970, Asien, Amerika, Skandinavien, Griechenland Anfang der

Achtziger, als er nur manchmal noch wie ein seltsamer Gast durch Berliner Straßen ging. Erst spät, im Jahr 2000, hat er sich seinen langen Weg nach draußen zweispurig und zusammengehörig in den 13 Liedern der CD »Melancholia« und dem 540-Seiten-Prosastück »Afghana« von der Seele geschrieben, dessen Titel noch bis vor kurzem schwarzes Haschisch, ungeahnte Räusche und das Einswerden mit dem Nirwana assoziierte.

Der Autor, man weiß es, wurde 1976 für seine Hauptrolle in Ulrich Plenzdorfs Film »Die neuen Leiden des jungen W.« unter anderem mit einer Goldenen Kamera ausgezeichnet. Sein Roman »Afghana« hat inhaltlich eine gewisse Nähe zu dem preisgekrönten Film, früher hätte man wohl Bildungsroman dazu gesagt. Die Dialoge knacken, die Handlung hat einen inneren Sog, der Kiez riecht und schmeckt. Es sind die Fantasien und Sehnsüchte des Knaben Klaus, die er hier schildert, seine erwachende Sexualität, seine kleinen Reisen in die Nachbarschaft, die ersten größeren im Bus der Linie 10 oben ganz vorn und die erste große nach draußen, nach Afghanistan. Am Ende des Buches sitzt er wieder da oben im Zehnerbus, aber das Fernweh hat nun einen Namen: »Anderswo bin ich zu Haus.«

Dazu singt er:

es ist vorbei, die Gärten sind jetzt leer
doch in den Träumen wachsen meterlange Ranken
trotz aller Mauern, aller Grenzen, aller Schranken
sie ziehn mich übers Meer

halt mich fest
halt mich fest
ich war zu früh auf Reisen
ich bin noch auf der Umlaufbahn
ich find nicht mehr zurück

Klaus Hoffmann hat Karawanen gesehen und Oleander gerochen. Das hat ihm die Sinne für Bilder und Gerüche in der Nachbarschaft geschärft. Er kann noch staunen, auch und gerade über Mosaiksteine seiner eigenen Biographie. Und er entwickelt diese Fähigkeit zunehmend zur Meisterschaft. Manchmal erinnert er mich an Columbo, der mit der typischen Stop-Bewegung des Armes zum Kopf mitten im Abgang abrupt innehält, wenn ihm eine überraschende Erinnerung oder Erkenntnis gekommen ist: »Ach, so war das! Das hatte ich bisher noch nie so gesehen!« Eine innere Logik treibt ihn zurück zum bisher vernachlässigten Detail.

Nicht nur sein Vortrag auf der Bühne ist heute prall voller Bilder und Geschichten, in denen Erlebtes und Erdachtes, Erlauschtes und Erträumtes auf einzigartige Weise verschmelzen. Er hat die Songpoesie, auch die Schlagerlyrik unseres Landes, mit anfänglichen Anleihen beim französischen Chanson, auf eine Stufe gehoben, auf der sie seit ihrer Hochblüte etwa bei Friedrich Hollaender und Mischa Spoliansky Ende der Zwanziger nicht mehr war. Man kann diese Texte nicht nur hören, man kann sie auch lesen.

> doch mit den Jahren kam die Klugheit
> mit der Zeit kam die Vernunft
> und Tag um Tag verblassten meine Bilder
> weil doch nichts blieb als Einsamkeit
> nahm ich mein letztes Kunterbunt

Er habe die Fenster seines Herzens aufgemacht, heißt es in diesem Lied »Als wenn es gar nichts wär«, Derwisch und Magier in seinen Garten gelassen und lasse das Kind nicht mehr allein. Gemeint ist die Kindheit, aus der er fortwährend und noch immer neue Inspirationen bezieht. Es sind dieselben Szenen, aber sie werden mit jeder Drehung seiner Lebensspirale immer noch einmal belichtet, der Film in Kunterbunt immer noch ein weiteres Mal abgedreht.

Siegfried Schmidt-Joos
Berlin, Januar 2002

und ich werd singen wie ein Kind
bis wir beide glücklich sind

Meine stolze Galeere

du sollst erwachsen sein
im Herzen bist du Kind
ein Wort von dir sprengt jede Sitzung
du willst kein großer Redner sein
denn deine Ziele sind nur Fragen
ich weiß
den Frühling schenk ich dir dafür

Knie an Knie mit dir
du bist meine stolze Galeere
Knie an Knie mit dir
zwei auf einer stolzen Galeere
schwimmen gegen einen Strom
aus Spott und Angst und Hohn

hör auf, lass sein
es nützt nichts
wär mein Nachtgebet
gäbst du mir nicht den langen Atem
ich will ein guter Redner sein
doch meinen Zielen stellst du Fragen
ich weiß
den Sommer schenk ich dir dafür

schon fast vergessen
ist der halbe Silbermond
den ich für dich im Park gestohlen
nur eine Amsel singt uns noch
ganz verstört die alten Lieder
ich weiß
im Herbst, da liege ich bei dir

uns bleibt nicht mehr viel Zeit
für Unentschlossenheit
für Illusion, Kaffee und Spielchen
ich werde fragen nach dem Sinn
dieser ersten tristen Jahre
ich weiß
den Winter schenkst du mir dafür

Der König der Kinder

eines Tags in meiner Straße
es begann wie jeden Tag
Kinder auf den Stiegen saßen
schauten auf wie jedes Mal
wenn der Alte durch den Regen
seinen Leierkasten schob
zu schwach, die Füße zu bewegen
seinen Kopf zum Singen hob

dann war er König dieser Kinder
er war ein armer Mann für sie

und auch ich stand oft daneben
brüllte mit voll Leidenschaft
in seiner Stimme war ein Beben
wenn er sang mit letzter Kraft
oftmals ging ein feines Lächeln
um den alten verknitterten Mund
wenn wir Knirpse ihn umstanden
brüllten mit aus vollstem Schlund

später sah ich ihn dann wieder
auf dem Hof von nebenan
bettelnd sang er seine Lieder
verbrannt und voller Gram
und kein Kind stand mehr daneben
mit offenem Mund voll Seligkeit
In seiner Stimme war kein Beben
vorbei die ganze Herrlichkeit

er war der König dieser Kinder
er war ein armer Mann für sie

Die drei Musikanten

er sagte: ich spiele Flöte
der zweite: ich Fagott
der dritte: ich Trompete
und sie wollten ein Komplott
und sie saßen bis zum Abend
sie fragten wie und wer
und der Abend war sehr labend
doch man hörte die Musik nicht mehr
nur der Alte in der Ecke
war recht still und sprach nicht oft
wälzte sich aus seiner Decke
rückte ran und sagte schroff
ich spiel so gut wie nie
ich spiel die Todesmelodie
und er brachte still und stumm
die ganze Sippschaft um

bei dem Krach da flogen Teller
und ein Tisch der stürzte um
und ein Weib kam aus dem Keller
betrat den Raum und sah sich um
und er nahm sie bei der Hand
ging mit ihr durchs ganze Land
und sie brachten große Not
mit dem Lied vom Tod

und als der Krieg vorbei war
da waren sie alt und grau
und weil kein Weib mehr da war
da nahm er sie zur Frau
und sie würgte ihm drei Söhne
die waren dick und dünn
doch die hatten andere Töne
nicht das Lied im Sinn

und der erste von den Söhnen
wollte Flöte spielen wie nie
doch der zweite stand auf Tönen
aus 'ner Liebesmelodie
und sie saßen bis zum Abend
und sie fragten wie und wer
und der Abend war sehr labend
doch man hörte die Musik nicht mehr

Sarah

wenn eines Tags der Regen brennt
und der Schnee die Sonne schwemmt
dann hörst du, wie der Stumme spricht
wenn der Blinde sieht
und der Lahme flieht
dann stehst du vor dem Gericht
und dann, mein Täubchen, wirst du sehen
dass alles so begann
wie der heilige Alte gab es zu verstehen
deine Liebe zu einem Mann

Sarah, Gott verzeih dir deine Schönheit
Sarah, mir scheint es wie Verlogenheit
Sarah, entlock dir ein paar Tränen
die nach ehrlichem Weinen sich ersehnen

wenn der Soldat sich erschlägt
und die Kirche Feuer legt
dann siehst du wie die Blume träumt
wenn ein Krüppel dich betört
und der Taube dich erhört
dann siehst du wie ein Falter weint
und dann mein Engel, nimm den Klunker
kauf dir ein neues Herz
leg es ein in deinen menschlichen Bunker
und warte auf den schleichenden Schmerz
Sarah, wo bleibt die goldene Larve
Sarah, wo bleibt dein Teufel mit der Harfe
Sarah, ich schnitz dir einen Pferdefuß
damit du nicht mehr laufen musst

wenn ein Irrer dich anlacht
und dein Pulsschlag Pause macht
dann merkst du, wie die Jugend schnell
    verfliegt
wenn ein Pfaff die Augen rollt
und ein Kind im Käfig tollt
dann siehst du, dass das Glück auch lügt
dann endlich siehst du dich im Spiegel
deiner einfallsreichen Welt
die dir nur einen goldenen Riegel
vor deine Seele stellt

Sarah, dann stehst du vor den Toren
Sarah, die mit offenen Ohren
Sarah, dich vom hohen Ross entheben
Sarah, dann wirst du leben

Gerda

es ist Juli, Sommernächte fliegen ohne Hast
verweilen kurz und schläfrig
über Dächer und dem frisch gestochenen
   Torf
eine Meute kleiner Jungen
streift ein letztes Mal für diesen Tag
durch das abendlich
nach warmen Kühen duftende Dorf
dicke Mütter ziehn die Bengels zeternd
hinter schnell geschlossene Tür'n
stoßen liebevoll den Kleinen zum Wasser-
   eimer hin
das Lachen muss ihm dort vergehn
er sieht seinen Strullermann im Wasser
   stehn
und denkt an Gerda

durch die Stube drängt ein warmer Duft
von Großmutter und Schmalz und Wurst
der Vater stinkt und lacht
und kneift die Frau
der Kleine läuft zum Vater hin
ein Kuss mit Bier und Bart
und viel Gefühl
die Mutter streicht ihm zärtlich durch das
   Haar
sie trägt ihn lachend in sein Bett
sie küsst ihn, löscht das Licht
und schließt die Tür
er wartet, bleibt ganz still
und steht dann auf
geht zum Fenster
und macht es auf
sieht den Marktplatz und die Nacht
und spürt den Wind
und sieht Gerda

tanze, Gerda, tanze
tanz die ganze Nacht
brauchst sie nicht zu fürchten
wir geben schon drauf acht
dass nicht die Alten kommen
tanze, Gerda, tanz

im »Goldnen Einhorn« nun fängt die Nacht
   erst richtig an
da sitzen Melker neben manchen andern
da steigt die Lotti, wenn sie voll ist, auf den
   Tisch
da krachen Stühle
wenn die Männer viel vom schweren Wein
   getrunken haben
und klatschen brüllend mit
wenn Lotti sich vergisst
dann steht der Buckel auf
und sagt, ist Zeit
die anderen gehen automatisch mit
sie ziehen geschlossen Arm in Arm
nach draußen auf den Platz
atmen gierig Wind und ihren Fusel ein
und die Lotti säuselt immer kräftig mit
und sehn auf Gerda

jetzt ist Nacht, erst richtig Nacht
und der Marktplatz tobt und kracht
und die Gören an den Fenstern brüllen mit
der Buckel sitzt auf einem Fass
die Lotti hängt an seinem Arm
und beide starren auf die Mitte von dem
   Platz
wo der Sohn des Melkers tanzt
in seine Haare krallt sich Gerda
und beide jagen aus der Menge jetzt heraus
sie verschwinden im Dunkel der Nacht
und die Menge singt und lacht
und tanzt wie Gerda

Das alte Lied

weißt du noch
vor der riesigen Eiche am Nordrand des
  Dorfes
in der Aue von Hubert, dem Mörder des
  Ortes
wenn die Kinder kamen
uns Nesseln auf Rücken und Bäuche warfen
weißt du noch, weißt du noch, weißt du
  noch

wenn wir auf alles, was die Welt uns bot,
  nicht fluchten
wir liebten uns dort,
wenn dein Arm mich führte
durch dein Haar, durch die Nacht
wenn ich den siebenten Himmel
im Mais wieder suchte
dann rochen wir dort
die Nesseln, das Feld
wie die Kinder vom Ort
und mein Herz blieb stehn
für Sekunden stehn, Sekunden stehn,
  Sekunden stehn

weißt du noch
vor dem alten Tor an der Scheune
als der Bauer das Korn vergaß
und du fragtest nach Betten, nach Stroh oder
  Wein
und dann krachte es im Heu
weißt du noch, weißt du noch
wenn ich morgens die Tränen nicht halten
  wollte
weil ich dachte an Stadt und an Job und an
  Geld
als die reiche Alte mich holen wollte
mit Auto und Schmuck
den Preis für die Welt
und dann nahmst du mich
wie ein Kind vom Ort
und mein Herz blieb stehn
für Sekunden stehn

weißt du noch
als wir die Alten anpumpten
als der Förster uns Geld für die Fahrkarte gab
als dem Kind, das Geld von uns haben wollte
Wasser und Rotz aus den Augen rann
und dann hielt der Zug
weißt du noch, weißt du noch

als ich lässig aufs Trittbrett der Albträume
  sprang
und mein Lächeln nach 13 Stationen verschwand
als den Mist ich aus Haaren und Kleidern
  schob
und ich kämmte das alte Lied ins Gesicht
und ich dachte an dich
und mein Herz blieb stehn
für Sekunden stehn
Sekunden stehn, Sekunden stehn

ist nur das alte Lied
nur das alte Lied

werd bloß nicht schwach, Klaus
leg dich nicht müd zur Ruh
lauf aus der Nacht, Klaus
sie halten dir die Sinne zu
und wolln ja nur das alte Lied
das du noch tattrig singen wirst
wenn als gebrochener Bisquit
du zu den faulen Plätzchen irrst

nein, mach sie wach, Klaus
stör sie in ihrer Ruh
lauf aus der Nacht, Klaus
und hören sie dir ruhig zu
dann sing noch mal das alte Lied
und zeige, wie es klingen soll
dann wird's bestimmt zum neuen Lied
für alle klar und einsichtsvoll

Anna Pollinger

wenn du mal durch die Schellingstraße
   gehst
dort im Bezirk 16
wo nicht nur der Mond Überstunden macht
dann halt kurz an, bevor du weitergehst
die Anna Pollinger, die wohnte dort auf Nr. 8

sie war nicht hübsch, aber nett
und nicht unangenehm
was ihrem Durchschnittsgesicht sehr gut
   stand
und durch die Arbeit im Kontor eines Miet-
   wagenladens
bekam sie 600 Mark bar auf die Hand
das reichte für ein Fahrrad zwar auf Pump
hingegen nahm sie oft ein kollegialer Kavalier
auf dem Motorrad mit
der feine Lump
dafür verlangte er auch meistens was von ihr

sie ließ aber immer nur einen drüber
das hat ihr das Leben beigebracht
und grad dieser Herr, der war ihr zuwider
doch er ging ja meist nach einer kurzen
   Nacht
und sie ruhte sich aus bei den Herren im
   Salon
sie wollte sich nicht sehnen
was sie trotzdem tat
und sie hörte was die Herren
untereinander sprachen
und auf einmal da wurde ihr ganz fad
denn mit ihr, da sprachen sie sehr wenig
nur dann wenn einer grad mal musste
sie wurde ganz empört ein wenig
und ein wenig ließ sie dann auf sich herab

einmal ging sie mit 'nem Herren fast ein Jahr
der hieß Fritz und war recht akkurat
und als sie in gewissen Umständen war
da wurde dem Fritz auf einmal fad
und er stieg mit ihr am Allerheiligen
auf den Wasserkarr und es war Nacht
und beim Abstieg ließ er sie noch tüchtig
   springen
da war das Wurm in ihr schon umgebracht
seit dem Abstieg hatte sie die blasse Farbe
und sie wurde auch nie wieder ganz gesund
und manchmal spürte sie's im Unterleib gewaltig
doch das trug sie keinem nach
nein, das trug sie keinem nach
doch das trug sie keinem nach
sie war ein starker Hund

Der Feuervogel

hab keine Angst vor mir mein Lieb
komm, steh vom Rinnstein auf
und geh mit mir ein kleines Stück
hab keine Angst vor mir mein Lieb
brauchst keine Angst zu haben
vor dem düsteren Mann, der mit dir geht
Regen fällt ganz sacht auf Blüten
die schon jetzt zur Ruh gegangen
Morgenrot besingt der Vogel
der schon bald vom Schlaf befangen

komm in das Land
wo der Feuervogel wohnt
der mit Liebe dich belohnt
weil dort Leben nur die Liebe ist
weil die Liebe dort das Leben ist

hab keine Angst vor mir mein Lieb
und trag ich auch
einen wilden schwarzen Bart.
hab keine Angst vor mir mein Lieb
selbst dein Vater würde gern
wenn er nur könnt nach meiner Art
ich seh so viele graue Stunden
in deinem Kindgesicht
auch spätere Jahre wischen nicht
die Narben vom Gesicht

auch ich hab Angst mein Lieb
der Sommer brennt im nächsten Herbst
auch ich hab Angst mein Lieb
gib mir die Hand
dann wird es leicht das kalte Herz
der Regen wischt das Blut
aus meinem Feuervogelland
doch Blut bleibt dennoch Blut
wischt es auch die allerreinste Hand

such dir ein Land
wo der Feuervogel wohnt
der mit Liebe uns belohnt
weil dort Leben nur die Liebe ist
weil die Liebe dort das Leben ist
weil die Liebe dort das Leben ist

Blinde Katharina

sie trägt auf ihrem Kleide
Phosphorfarben für die Nacht
für sie ist immer Schweigen
ob sie redet oder lacht
ihre Augen sind die Hände
sie erkennt dich durch's Gehör
in ihrer Welt sind viele Wände
die sieht sie bloß nicht mehr

Katharina, mach mir Mut und halte mich
gibt's morgen auch kein Wiedersehn
ich bin doch der Blinde, darum führe mich
du kannst im Dunkeln gehn
nur weil ich vermute, dass ich sehend bin
brauch ich doch nichts erkennen
Komm, wir schmeißen einfach alle Regeln hin
du zeigst mir, wie man sieht

sie lehrt mich aus der Stille
wie man wartet, wie man schweigt
und zeigt aus Herzensfülle
mal Zorn, mal Heiterkeit
wenn sie liebt, dann ist nur Liebe
wenn sie hasst, dann ist nur Hass
alles, was sie tut, ist jetzt sofort
mit unbegrenztem Spaß

Blinde sind wie Kinder
deren Herzen man zerbricht
sie wollen auch im Winter
nur ans Licht, nur ans Licht

Puppen

ich wollte deinen Namen wissen
wollte hören, wie du heißt
du sagst, sie hätten ihn dir weggerissen
und dass du ihn schon lange nicht mehr weißt
weil aus deinem Mund nur Zahlen kamen
auf deiner Zunge Ziffern lagen
seh ich, dass du längst gebrochen bist
dass dein Name eine Nummer ist

und schmeichelnd nahmst du meine Hand
ich sollte in dir träumen
von Honigblumen, Tüll und Samt
du wolltest nichts versäumen.
weil soviel kluge Sprüche kamen
die alle gar nicht deine eignen waren
seh' ich, dass du längst gebrochen bist
dass dein Herz sogar aus Gummi ist

und jauchzend holte ich dir Tag und Nacht
vom siebenten Himmel die Liebe
ich hatte sie für dich zurechtgemacht
doch sie schien dir hier am Boden zu trübe
weil du noch immer mit den Wölfen heulst
dich nicht von deinen tausend Fäden befreist
seh ich, dass du längst gebrochen bist
dass du nur noch eine Puppe bist

Marie und Woscheck

Marie, du armes Kind
»viel Schnaps im Abendwind«
sagt der Nachbar von gegenüber
wenn du morgens den Trittstein verlässt
mit Herrn Pick unterm Arm gehst du wieder
und der Nachbar ist mächtig entsetzt

der Woscheck wird's nicht danken
dein Mann, der wird's nicht danken
die Marie auf dem Strich
mit viel Schnaps im Gesicht
und der Woscheck im Hof
der stapelt zehn Stunden Torf
und der Schweiß läuft ihm oft ins Genick
denn er stapelt den Torf für Herrn Pick

Marie, du armes Kind
sanft war der Abendwind
als den Haushalt du machtest für beide
warmes Brot und ein Bett waren da
doch bald musstet ihr Hunger erleiden
denn für Miete war kein Geld mehr da

Marie, du armes Kind
heiß war der Abendwind
von den Lügen im Torf gegenüber
die dir 50 Mark brachten im Nu
und der Woscheck sah zu euch herüber
und er sah, und sein Mund klappte zu

der Woscheck wird's nicht danken
dein Mann, der wird's nicht danken
die Marie auf dem Strich
mit viel Schnaps im Gesicht
und der Woscheck im Hof
stapelt zehn Stunden Torf
und das Blut stieg ihm bis ins Genick
als er stand vor Marie und Herrn Pick
und der Woscheck sah rot
schrie laut aus seiner Not:
»stich die Wolfzickin tot
stich die Wolfzickin tot«
und er stach dem Herrn Pick ins Gesicht
doch der Nachbar, der dankte es nicht

Die alten Weiberlein

ich liebe die alten Weiberlein
am Markttag, da stehn sie
zum Warten bereit
diese uralten Mäntel
mit verbogenen Schultern
die frieren in jeder Jahreszeit

sie husten und wanken
torkeln und fliehn
halten sich wie kleine Inseln
die im Dunkeln weiterziehn
und die Augen dieser Adler
blicken dich ganz ruhig an
und sie lächeln leicht verbittert
starren deine Jugend an

sie sind fast
wie ein Sommernachtstraum
der verging, wie er kam
verflog, wie man sah
nur ein Blatt, das vermodert am Baum

und ich seh sie in ihrer Vergangenheit
mit Lametta im Haar
und Pumps an den Füßen
seh die blühenden Körper
zu allem bereit
im siebzehnten Jahr
und in Schönheit zerfließen

und sie gurren und schmachten
turteln, sind kokett
treiben mit berauschten Herzen
die Knaben in ihr Bett
und die Augen dieser Rehe
blicken dich verlockend an
sie lächeln kaum errötend
preisen ihre Jugend an

und sie halten ihn fest
diesen Sommernachtstraum
sie zweifeln nicht mehr
sehn die Wolken ziehn
erwarten den letzten Termin

Was bleibt

stolpernd suchen deine Füße Halt
auf Kopfstein tappst du hin, siehst bald
deine Hündin an der Kneipe stehn
du merkst
du hast nicht mal ein festes Wort für sie
spürst seit Tagen nur noch Krampf in dir
vertuscht ihn, spülst ihn weg, rauchst viel
und wie immer
wartest du mit fremden Freunden
an langen Tischen auf den nächsten Morgen
lachend lässt der Tag dich fallen
wieder weißt du nicht, wofür du tust –

was dir und mir noch bleibt
was schon zu unserm Glück gehört
was in uns Tag und Nacht verweilt
nicht mal mehr unsre Träume stört
ist vielleicht nur Angst
die uns nach vorne treibt

man hat zum Springpferd dich gemacht
gezäumt, für Hürden flott gemacht
und wenn du erste Schwächen zeigst
kommen Regenmacher
Priester und Doktoren
die schmeicheln dir die Sonn ins Ohr
ziehst lieber ihre Lügen vor
als eine triste Wahrheit, die du denkst
du hier ja doch nicht ändern kannst
lachend lässt der Tag dich fallen
wieder weißt du nicht, wofür du tust –

da stehst du nun, suchst eine Furt
im Bächlein, der zum Wildbach wurd
starrst auf ein andres Ufer
das so viele Träume
Hoffnungen doch offen lässt
du wartest auf den Morgenwind
der dir einen Fährmann bringt
und plötzlich siehst du, wie du schon
bis an den Hals im tiefen Wasser stehst
unsre Zeit ist jetzt und hier
da gibt's kein Gestern und kein Morgen
nur was uns von den Alten bleibt
was schon zu unserem Glück gehört ...

Ein neuer Anfang

wieder eine Nacht
wieder eine Nacht
die wir in einer Kneipe zugebracht
wir starrten auf die Tür
erwarteten den großen Zufall
der uns Beine macht
und am frühen Morgen
macht einer den Anfang und er geht
und so stehen wir da und frieren
und die Stadt, die gähnt uns an
doch wir wolln noch nicht alleine sein
schließen uns den andern an

neuer Morgen
wieder neuer Morgen
wo wir mutlos zwischen Stühlen stehn
wissen nicht warum
wissen nicht warum wir ändern müssen
und für wen
und wir sehen unsern Nachbarn
zur Frühschicht gehn
und wir sehen die Gesichter
plötzlich glimmt es auf
und einer spricht, was alle denken, aus:

das wird ein Tag
unser Tag wird ein neuer Anfang sein
an dem wir nicht mehr wanken
in unserm Urteil schwanken
wo wir mit denen, die nach vorne schaun
uns eine bessre Zukunft baun

wieder eine Nacht
wieder eine Nacht
die wir mit Reden zugebracht
wir haben festgestellt
haben festgestellt
dass nur die Tat uns Beine macht
und wir merken, jeder Tag ist Arbeit
und wir sehen ein
jeder Schritt zurück muss neuer Anfang sein
wir sind viel zu viele um allein zu sein:

das wird ein Tag ...

Sechseinhalb Uhr morgens

sechseinhalb Uhr morgens im Bett
ich mache meine Augen auf
alles ist noch in Ordnung
langsam aufstehen, ohne Hast wie immer
ich gehe erst mal pinkeln
von der Toilette zum Bad, bin nicht mehr
   müde
Hände, Seife, Wasser, Gesicht und Hände
Zahnbürste, Mund und Zähne
ich nehme das Handtuch
7 Uhr 15, gehe jetzt
Tasche in der Hand, Apfel im Mund, Tür zu

Straße ist leer, Wetter kalt wie immer
ich gehe schneller, muss den Bus noch
   kriegen
ich sehe Menschen, Tiere, Polizisten
7 Uhr 30 im Büro, alles wie gestern
Telefon ab: »Hoffmann, ja, nein, danke, vielleicht, aus«
9 Uhr 30 Frühstück, danach Zigarette
und Toilette, bald ist Mittag
12 Uhr 30 Mittag. Ich kauf mir 'ne Currywurst
geh spazieren, rauch 'ne Zigarette
bis 16 Uhr Telefon: »Hoffmann, ja, nein,
danke, vielleicht, aus«
gleich ruft Harry an

komm, Bruder, lass uns zu den andern gehen,
wolln mal sehen, Bruder
was wir noch nicht verstehen
vielleicht gibt's Worte, Bruder,
von denen wir noch nie gehört
weil uns größere im Denken oft gestört
wolln zusammen gehen, Bruder,
und wir finden sie
gleich schon morgen, Bruder,
morgen oder nie
wenn ein Wort, Bruder,
das in ihren Herzen schwingt
bald auch in unsern tauben Ohren klingt

17 Uhr, bin wieder zu Hause
hab mir diesmal 'ne Curry-Bulette gekauft
dabei, danach fernsehen
ich sehe junge Leute
die rauchen, die machen Komplimente
es ist zirka 22 Uhr 30, ich bin wieder müde
geh auf die Toilette, mach das Fenster auf
mach das Fenster zu
ich gehe zurück ins Zimmer
lösche die Zigarette und das Licht
zieh mich aus, lege mich hin und schlafe

Markttag

wenn die Gören schon um achte
an der Bockwurschtbude sitzen
sich den Ketchup um die Ohren haun
die Wurscht fängt an zu schwitzen
wenn Old Emmes uff'n Aalstand
seinen Knorpel noch mal ölt
mit den Daumennagel eenem Aal
die Haut vom Fette schält
und ick klemm ma meene Klemmen ab
vom Fahrrad steig ick grob
kloppe mir den Staub vom Scheitel
drängel mich zum Essigseidel
fisch mir 'ne Jurke aus'm Topp

ick hab Markttag
Fischtag, Blumenkohlzeit
da hock ick mich breit
der Kohlrabi weeß Bescheid
die Büchse mit Ravioli bleibt zu
ick hab Markttag, der Markt tagt
frisches Eiweiß durch Fisch sagt mir zu

und ick dräng mir voller Zuversicht
von eenem Stand zum andern
doch plötzlich wird mir taumelig
die Sinne, die wolln mir wandern
ick glob meen Hamster pfeift mir Zoten
augenblicklich seh ick klar
'ne Jurkenband spielt Rock nach Noten
Pampelmusen tanzen Cha-Cha-Cha
und ick setz mir erst mal
trink'n Schlückchen
Selter auf den Schreck
wische mir die Augen blank
stell det Fahrrad an die Wand
doch plötzlich ist die ganze Schose weg

doch ick find och ohne Brille
den Gemüsevorratsstand
und ick seh die kleene Dicke
hinterm Grünkohl friern
da geh ick ihr'n bisschen zur Hand
und weil ick ihr so imponiere
behängt se mich mit Koppsalat
kriegt 'ne rote Birne, schenkt se mir
ick lass dann von ihr ab
und ick klemm ma meene Klemmen an
uff's Fahrrad steig ick grob
zwäng ma durch die Menschenmassen
die nach weißen Eiern fassen
setz ma meene Mütze uff'n Kopp

Tausend Dollar

hab wieder mal mit Fred und Hans
'nen Automaten geknackt
in der Kurve haben uns die Bullen erwischt
der verdammte Reifen, der platzte
die führen mich gerade in die Verhandlung
Anna sitzt drüben, heule nicht
die kriegt wahrscheinlich 'nen Balg
hoffentlich weiß sie, von wem sie's kriegt
sonst muss sie's wegmachen lassen
und wenn sie kein Geld hat
muss sie zur alten Schulzen
auf'n Küchentisch

gib mir tausend Dollar
und ich weiß wie's weitergeht
gib mir tausend mehr
die sind so schnell verlebt
vielleicht geht's ohne Geld
die letzten fünfzig Jahre noch
doch ich will raus aus diesem Loch
ich will raus aus diesem Loch
dann wär ich ein Mensch
dann wär ich mal frei
dann hätt ich ein Haus
ein Auto, Frauchen, Ruhe, Schlaf
und Hund und mehr, doch was dann …?

da sitzt ja auch der Mann
von der alten Schulzen
der sollte für den Hauseigentümer
den Portier spielen
der sollte uns auch auf die Straße setzen
weil Mutter immer
so viele Kerle bei sich oben hat
doch Mutter sagt immer:
»besser die 20 Mark von 'nem Typ
als in die Fabrik gehen«

gib mir tausend Dollar …

hoffentlich geht's diesmal
kurz über die Bühne
werde drei Monate kriegen
aber wenn ich dann rauskomme
dreh ich ein Ding
dass euch die Ohren schlackern
dann bin ich fein raus
dann bin ich fein raus

Coda (Das bleibt)

das bleibt –
das bleibt
unendlich Licht und Dämmerung
das bleibt
das bleibt
grenzenlose Heiterkeit
und tägliche Veränderung

Was fang ich an in dieser Stadt

was fang ich an in dieser Stadt
die mich zur Angst erzogen hat
die für die Fragen blasser Kinder
nur einen Maulkorb übrig hat
und ihnen lehrt, selbst ihre Alten
die noch so viel erzählen wolln
zu übersehn

was fang ich an in dieser Stadt
die soviel Fortschritt nötig hat
doch wie ein zahnloses Weib
über alles Neue lacht
die für Touristen Masken trägt
wenn ihre Nacht den Dreck verpackt
was fang ich an?
was hält mich noch in dieser kalten
rostig fett, schon fast verfaulten Bärenstadt

sie scheint mir wie ein alter Bär
kraftlos und tapsig fällt's ihm schwer
in diesem Käfig stark zu sein
er schnauft schon, schlingt den Atem ein
doch dieser Bär macht noch nicht schlapp
er hält sich fest an den Vertrag, zeigt Disziplin
vier dicke Männer schieben, zerren, sie pflegen
stutzen ihn

was fang ich an in dieser Stadt
wofür gebrauche ich meine Kraft
was fang ich an in dieser Stadt
ich bin so hungrig und ich fühle mich so satt

wie lange hält man dieses Kaff
mit Antibiotika noch wach
wie lange wird's noch dauern
bis sie wieder neue Trümmer baun
wann endlich geben sie aus lahmem Überdruss
der Stadt den letzten harten Bruderkuss
den sie so nötig hat

drei Mark fünfzig für 'ne Stadt
die man so oft geliftet hat
der man nur noch nicht aus Denkmalschutz
den Todesstoß verpasst
kommt, wer will 'n angestaubtes, muffig
und schon halbverfaultes
stacheldrahtumzäuntes Panoptikum zum Kauf

hier herrscht Gleichgültigkeit
der Hass und der Neid
der Zaster und das Leid
die Einsamkeit
die Heuchelei, die Lüge
Entfremdung und die Not
lassen dich wählen zwischen
Angst oder Betrug

Kreuzberger Walzer

wenn det Gebimmel Evangelen und
   Katholen
zum heil'gen Umtrunk holt,
sonntags,
da mach ick ma auf,
leicht geschminkt vom Kohlen holen
trab ick nach Kreuzberg.
an der Mauer blühen schon Veilchen
und die Grenzer tragen Grün
wir lieben uns im Stehn ein Weilchen
und sehn 'ne blasse Taube in den Osten
   fliehn
du nimmst meine Hand im Gehen
wir küssen uns Herz an Herz
wir bleiben jetzt öfter stehn
und spürn 'ne Musik unsre Körper durchziehn
die lässt uns wohlergehn.

das ist der Kreuzberger Walzer
der haut dir den Schmalz aus'n Ohrn
der lässt dich erzittern abends um acht
und morgens beginnt er von vorn
und wie zwee kleene Speckbuletten sind
wir schon beede fett vor Glück
zerfetzen wir den Tangoschritt
und nehmen einen Walzer mit
und steigen zum Mont Kaputt
gebaut auf Städteschutt
und zeigen dieser Stadt den Arsch
der Walzer wird bestimmt kein Marsch
und wie zwee griffige Akkordeons
plärren wir dein und mein Chanson
und sind jetzt eins geworden

zwischen Checkpoint Charlie und Bernauer
spiel ick sonntags Tennis an der Mauer
mit der Linken üb ick Rückhand
so hau ick den Ball über den Wall
ins andere Land
det is jetzt 'n Volkssport geworden
das Mauercuptennismatch
am Sonntag, da stehn die Horden
und haben Kontakt, auch ohne Vertrag
von Ost nach West
das nennt man den Kreuzberger Walzer
das Mauercuptennismatch
das spielt man am Sonntag von Westen nach Ost
und och von Ost nach West

Der Boxer

rechts ein Stein und ein Baum
links ein Weg, der dich führt
du spürst harten Kies, siehst drei junge
   Türken stehn
die fischen in der Spree
rechts ein Stein und ein Baum
es ist Sommer im Park
da sitzen sie beim Picknick und Tschai
Alte und Kinder, die schreien sich frei
und die Zeit schlägt im Takt ihre Kräfte
   entzwei
davon bleibt was, davon bleibt was

das geht mich immer noch an
was gewesen ist, greift mich und zieht mich
   in Bann
das trag ich in Nächten mit
das hält auch in Träumen Schritt
das hab ich gehasst und auch gesucht
hab so 'ne Sehnsucht

da ist Gewalt und die hat Macht
da ist die Lüge Gebot
da brauchst du ein Herz aus Beton
da findest du Kinder auf jedem Hof
die üben den Alltag der Stadt
an jeder Wand ein Boxer steht
der Junge macht sich stark
er hat seine Fäuste zum Himmel gestreckt
denn er weiß, wer nicht kämpft, der ist bald
   verreckt
und er übt für den Tag, wo er alles bezahlt
wo er rauskommt, ganz groß rauskommt

da steht ein Haus mit 'ner Couch
da hängt ein See an der Wand
da riecht's nach Schnaps und Likör
sie essen und essen und prosten sich an
die trinken Schluck für Schluck Gleichgültigkeit
da ist viel Einsamkeit
und der Boxer sitzt da, er hockt mittendrin
hält verkrampft die Gitarre, er starrt vor sich hin
und er träumt von 'nem Land
von 'nem Land ohne Geld
träumt von Cuba, vielleicht Cuba

Nein

wenn nach Gesang und Bier
sich so 'ne Stimmung einschleicht
'n Typ mir seine Hände reicht
und stöhnt dabei vor Mitgefühl
denk ich nein
und er klopft mir anerkennend auf den Hals
er meint sich selbst oder andernfalls
sein gutes Herz
und er grunzt vor Schmerz – nein
und er kommt dann auf den Trip zu reden
und er redet, redet über jeden
es müsste was getan werden und so fort
und zwar nur hier, und zwar sofort
er redet von Veränderung
das bringt ihn richtig mal auf Schwung
und er fragt mich nach der Meinung
dann sag ich ja
hm, ich sag ja – ja!

doch ich sag nein zu dem, der alles gut
   versteht
und sich nach jedem Winde dreht
der seine Regeln pflegt wie einen Heiligen-
   schein – nein
der gegen Totschlag auf die Straße geht
und abends seine Frauen schlägt
und friert in seinen Lügen ein – nein
ich lass 'n Riesenfurz auf diese Laberkom-
   mission
deren Krampf und Lügen schleppen wir
seit Jahren mit uns rum
die mit offnen Augen pennen
schwatzend jeden Fortschritt hemmen
und kriechen in jeden Arsch hinein
für die ein Nein

doch ich sag ja zu allem, was nur Freude
   macht
was sich dreht und was nicht nachgedacht
ich steh zur großen Unvernunft
ein breites Lachen muss ich tragen
sag ja zum Narren, der sehr gut versteht
dass sich alles um die Ordnung dreht
sag ja zu dem, der nicht jeden Dreck
gekastelt hat und abgesteckt
Mutter, wer hat mich denn nur gelehrt
mit diesem Ja und Amen zu leben

wenn beim Bäcker morgens
schon ein Schwatz entsteht
voll Verlogenheit bis in die Nacht reingeht
Gesichter friern ihr Lächeln ein,
denk ich uahh …
die verheimlichen aus Tradition
ihre Meinung seit der Steinzeit schon
gehen sie jedem Dicken nach
mir wird uahhh …

diese Hirnis motzen über jedes längre Haar
bloß ihr eignes in der Suppe
pflegen sie schon tausend Jahr
seht doch diese Massen von Armeen
die sich noch immer öffentlich begraben

ich sag nein, ich sag nein, ich sag nein, nein!

Estaminet (Stadt ohne Sonne)

die Nacht verschenkt ihr graues Band
zu früh ersteigt die Silberwand
wenn kühl der Morgen aufgewacht
noch ist sie still, die Stadt
nur in der Gosse regt sich schon
ein kleiner mieser Kammerton
'ne halbwegs weiße Taube singt
von 'nem bessren Land
und auf dem breiten Boulevard
wo gestern noch Gelächter war
sind alle Stühle hochgeklappt
ja sie ist still, die Stadt
und durch den Nebel, der zerbricht
siehst du ganz fern das erste Licht
Gesichter, Staub am Horizont
die Karawane kommt

Estaminet, Estaminet
alte Kneipe, tut's auch weh
ich werde gehn
ich werde gehn

die Stadt macht ihre Fenster auf
hängt großkarierte Betten raus
nach einer heißen lauten Nacht
ist sie jetzt aufgewacht
und dort im Hausflur steht versteckt
der Junge, wartet auf den Treck
denn alles, was hier dampft und kriecht
das hält ihn nicht
er steht und friert und starrt gebannt
hält sein Gepäck fest in der Hand
er hat sie oft im Traum gesehn
wie sie nach Süden ziehn
und mit Gesang und Schellenklang
hört er sie aus der Vorstadt nahn
ein Mädchen führt die vielen an –
die Karawane kommt

Junge, nimm dein letztes Geld
und schmeiß dich in die große Welt
so viel gibt's, was du lernen musst
im Überfluss
schnür dir dein Bündel ruhig gut
lass dir's nicht nehmen, du brauchst Mut
für diesen Trip aus eigner Hand
ins fremde Land
und reden sie von Angst und Flucht
die haben niemals was gesucht
was sie so traurig stimmt
ist, dass sie so mutlos sind
und lerne viel im andern Land
komm zurück, geh uns zur Hand
hier gibt's noch viel, so viel zu tun

Brett vorm Kopp

ick hab Berlin in mein Herz, weil ick Berliner
    bin
ick hab die Taschen voll mit »icke lieb die
    Dicken«
ick klau mir abends
wenn der Schnaps mir uff der Birne liegt
'n Stückchen Mauer für mein Zahn und seine
    Lücke
mit dem Gebiss, wat ick so passend im
    Gesichte trag
nag ick ma bis zum Herzen dieser Städter hin
ick vergess dabei och nich,
dass ick 'n kleener Scheißer bin
denn dieses Brett vorm Kopp
det macht mich noch nicht blind

ick lös die Knoten meener Kumpels
morgens an der Autobahn
wenn sie mal bis nach A-la-laska wolln
weil sie keene Luft mehr kriegn
die haben sich total verfahrn
und haben ewig Stunk mit ihren tollen Ollen
diese ganze Meute Mauerpsychopathen
    tragen flott
'n stacheldrahtbesetztet Brett durch ihre Stadt
und ick leg ma uff'n Rücken
glotz mir die Augen aus'm Kopp
ick freu ma, dass ick noch meinen Himmel hab

und komm ick abends aus der Kneipe
tret ick gleich in wat hinein
doch det stinkt ma nicht, ich mach damit
    mein Geld
denn ick gieß den Hundedreck
in kleene Plastikwürfel ein
aber nur, wenn mir die Scheiße och gefällt
det verkof ick an Besucher als Touristen-
    attraktion
setz det ganze noch als Städtewerbung ab
jetzt hat so mancher an sein Bett
'n kleenen Plastikwürfel stehn
denn diese Stadt darf nich in Scheiße unter-
    gehn

wir hab'n 'ne Werkstatt uff'n Hof eröffnet
weil sich det rentiert
sogar die UNO fragte uns schon mal um Rat
'n Riesenwürfel solln wa bauen
für 'n Friedenskonferenz
so richtig massig, zwanzig Meter im Quadrat
der soll sich uff'm Sockel drehen mitten in
    New York
wird abends angestrahlt
und och noch streng bewacht
bloß den Schiss aller Nationen sollt er zeigen
det war zu stark
da hab'n wa nee gesagt, det hab'n wa nich
    gemacht

ick hab Berlin in mein Herz, weil ick Berliner
    bin
und geb ick morgen meenen Löffel ab, wat
    soll's
ick hab genug Respekt vorm Tod
nur überraschen soll er mir
denn so mit langsam siechen
det fänd ich nicht so toll
mal sehen, vielleicht trifft mich 'n Blitz beim
    Scheißen
weil ick oft so gröl, und 'n Heil'ger
fühlt im Tiefschlaf sich gestört
wenn det passiert, soll folgendet
auf meinem Grabstein stehn
wenn det passiert, soll folgendet
auf meinem Plastikwürfel stehn:
sein letzter Ton war dieser Stadt nicht ange-
    nehm

Novembermorgen

Novembermorgen hat verschlafen
Novembermorgen lacht nicht mehr
Novembermorgen kennt nur Härte
Novembermorgen träumt so schwer
der Baum gibt seiner Blätter gleichmütig fort
und der Absinth bringt mir Gesichte
ich leb an einem anderen Ort

mnh – du bist mein Lot
mnh – kenn keine Not

Novembermorgen hat Gesichter
wie ein Clown im Zirkuszelt
Novembermorgen will nur spielen
Spielball sein in dieser Welt
er trägt so viele Masken
täusch dich nicht in dem Gesicht
bin ein Novembermorgen
zeig mir deinen Rücken nicht

Novembermorgen hat geschlafen
Novembermorgen fühlt sich stark
Novembermorgen zeigt die Zähne
weil er die Liebe hat
ich hab noch so viele Fragen
leg mich noch nicht auf's Ohr
hol mir die Kraft aus Sommertagen
und lebe im November davon
hol mir die Kraft aus Sommertagen
und lebe im November davon

auch wenn du nicht mehr bei mir bist
wenn du schon mit andern lebst
du bleibst in mir, mein Leben
bleibst mein Lieb
mein Leid
mein Leben
in mir, bleibst mein Lieb
mein Leid, mein Leben

Stille

da war 'ne Stille tief in mir und nur bei mir
die war so still, so schweigend weit und leicht
die war bei mir und nur bei mir
die lag so zwischen Werden und Vergehn
da war ein Augenblick der Ruh, 'ne kurze Rast
ein kleines Ich, ein Lächeln und doch tief
fast wie ein Meer so blau, so blau
so weit und dicht war sie an diesem Tag

auch wenn du hier wärst
wenn dein Schatten meiner wär
auch wenn du noch so gut
meine Worte momentan erfährst
wenn selbst dein Atem meiner wär
auch wenn du hier wärst
ich konnte diesen Augenblick nicht teiln

da war ein Schweigen ohne Zeit und ohne Raum
ein Herzschlag kurz
nicht schlecht und auch nicht gut, da war nichts
kein Glück, kein Unglück
es war geschehen ohne ich und du

da war ein dicker regenloser Sonnentag
da fragt ich nicht
ob morgen morgen wird, was gestern war, da
   war ...
ein Ton ist schon zuviel für diesen Tag

Die Mittelmäßigkeit

jeden Morgen das gleiche Ritual
jeden Morgen ein Gesicht mit gleicher Qual
jeden Morgen dieses Fügen
vor dem Spiegel und im Bus
jeden Morgen die Fragen
ob ich will und ob ich muss

jeden Tag im Mantel gleiche Haltung
jeden Tag meine Meinung aus der Zeitung
jeden Tag das Wissen um Veränderung
jeden Tag in mir die gleiche Lähmung

jede Nacht im Bett den gleichen Vorwurf
jede Nacht den gleichen Traum
von Angst und Flucht
jede Nacht mit offnen Augen alles sehn
jede Nacht zu warten, dass die Ängste gehn

jeden Augenblick in eine Lüge quäln
muss dich betrügen, um nicht durchzudrehn
wieder mal zu wissen, du bist ausgekniffen
hast dich nicht gestellt, hast dich selbst verpfiffen

die Mittelmäßigkeit verhindert jeden Streit
Mittelmäßigkeit verhindert jeden Streit

seh sie oft mit Blättern an den Ecken stehn
manche jünger noch als ich, wag nicht hinzugehn
will vorübertauchen, merk 'ne Ablehnung in mir
ohne sie gehört zu haben, ist die Angst in mir

bisher habe ich mich noch nie
geäußert über Politik
wollte nie beteiligt sein, zog mit jedem mit
doch sie sagen, mein Schweigen
bringt vieles Schlimmes ein
es verhilft, dass andre noch viel lauter schrein

soll ich in der Mitte stehn?
soll ich keine Fragen stelln?
soll ich denn im Rahmen bleiben
jeden Streit vermeiden?

geh ich allem aus dem Weg
noch eh der Kampf beginnt
haben andre schon
was ich denken soll, bestimmt

die Mittelmäßigkeit verhindert jeden Streit
Mittelmäßigkeit verhindert jeden Streit

Hanna

am Busbahnof vorbei
in der Bonhoefferallee
hinter Mauern, wo die Irren sind
in diesen Häusern lebt sie Tag für Tag
als schweigend altes Kind
sie trägt eine Krone aus Papier
ihren Bademantel schleppt sie nach
die andern haben sie so ausstaffiert
zur Königin gemacht

Hanna, Königin der Staunenden
du lebst in deinem Inneren
hängst deinen Träumen nach
Hanna, die haben dich dort abgestellt
du träumst in deiner eignen Welt
doch lebensfähig bist du nicht

sie hatte Mescalin geschluckt
war einmal völlig durchgedreht
da wurde sie dort eingelocht,
und für verrückt erklärt
jetzt hockt sie da als Irre
und weiß überhaupt nichts mehr
sie hatte keine eignen Werte mehr
trittst du einmal aus der Reihe aus
willst nicht weiter, bist verwirrt
schlägt deine Umwelt zu
die sauber ist und niemals irrt
denn aus der Reihe treten, Fragen stellen
heißt allein, unbequem sein

Berlin

mein Gespräch, meine Lieder
mein Hass und mein Glück
mein Tag, meine Nacht, mein Vor, mein
  Zurück
meine Sonne und Schatten, Zweifel, die ich
  hab
an dir und in mir bis zum letzten Tag
deine Straßen, wo ich fliehe, stolper und fall
deine Wärme, die ich brauch, die ich spüre
  überall

verkauf dich nicht
Berlin
jung bist du nicht
du alterst so schnell
buckelst zu sehr
trägst an den Geldern
der Freier so schwer
die werden gehn
dich sterben sehn
Berlin, Geliebte Berlin

deine Ecken und Winkel, deine Höfe unge-
  zählt
wo der Dreck und die Armut nach Veränderung bellt
dein Rausch am Morgen
riecht nach Haschisch und Bier
und Rotz fällt gelassen auf Gassen von dir
deine Märkte, die Weiber, ihre Ruhe, ihre List
und manchmal ein Witz, der mich in den
  Magen trifft

deine Häuser mit Fluren
wo man prügelt, wo man lacht
wo man, wenn's dunkel wird
neue Mitbewohner macht
deine Räume, in denen der Schlaf ungern
  kommt
weil die Luft zum Atmen fehlt
wo der Sensenmann wohnt
doch wo du frei sein erfährst in dieser
  großen Stadt

obwohl sie einengt und presst und viele
  Mauern hat
mein Gespräch, meine Lieder
mein Hass und mein Glück
mein Tag, meine Nacht, mein Vor, mein
  Zurück
dein halbtoter Bahnhof, wo ich unter denen
  steh
die morgen, schon morgen in bessre Städte
  gehn
wo ich dich verlassen will
immer wieder, immer noch
ich schaff den Sprung auch
ich schaff den Sprung doch

Westend

kalte Kaffeetassen
reden von der Nacht
Sänger gibt es überall
und mir fällt ein:
bist nicht allein

Kinder spielen Blödmann
Frauen kaufen ein
Gertrud übt den Lotussitz
ich denk mir
schön ist's hier

ich hab genug vom Griesgram
ich kehr zu mir zurück
wichtig ist nur Liebe
und ein Stück
hin zum Glück

lass uns beide arm sein
Dinge bringen Leid
sieh doch wie die Wolken ziehn
der ganze Schmus
ist bloß 'n Blues

Kampf auf allen Straßen
ja, die Welt ist hart
Mutter denkt an gestern
und ich pfeif
das ist life

ich will leben
wie es mir gefällt
auch wenn die ganze Welt
aus ihren Angeln fällt

Die Einsamkeit

in den Nächten, diesen Nächten
vermisse ich Gemeinsamkeit
den Duft von dunklen Frauenhaaren
das Tasten auf der warmen Haut
da sitze ich in dem Gefängnis
meiner zehn Gebote
und bin bereit, bin so bereit
nach Küssen und nach Zärtlichkeit
mir bleibt in diesen Stunden
ein mir vertrautes Kleid
es hält mich sanft umschlungen
die Einsamkeit

geh zu den Folterkammern
den Discos, Bars und Flipperstuben
folge den aufgeputzten Körpern
bist du reich, dann kauf sie dir
vergiss dich im Licht der Neons
Götter gaben uns Musik!
Mädchen lächeln nur in Posen
sie warten noch auf König Frosch
und rote Rosen
und auf den müden Augen
steht stumm: ich bin bereit
sie wird es nicht erlauben
die Einsamkeit

nimm mich mit
es ist Nacht
ja du darfst
endlich denken
ja du darfst
endlich fühlen
nimm mich mit
es vergeht mein Gesicht
es vergeht dieses Wort
nimm mich mit

halt mich fest
es ist Nacht
ja du darfst
keine Angst!

doch wenn der nächste Morgen
uns seine Sonne leiht
hält sich in uns verborgen
die Einsamkeit

Herren

sie sind so hart, so ungeheuer lässig
sie weinen nie und wenn, dann unbemerkt
sie finden Liebe äußerst nebensächlich
und schätzen Banken, Panzer und ihr
    Schwert

sie geben sich wie strenge Argentinier
sie sind durchblutet wie ein rohes Steak
und wenn sie abends ihre alten Lieder
lauthals brüllen, dann hör ich lieber weg

sie sind sehr stark, nicht nur in Uniformen
sie haben Macht, das steht auf jedem
    Scheck
sie schaffen Ordnung nach bewährten
    Normen
fließt etwas Blut, erfüllt es seinen Zweck

doch wenn sie lieben, dann als Kamerad
einem Weibe wohlgesinnt
und sie bocken nur nach Gutsherrenart
kurz und heftig, aber bestimmt

Herren, Herren!

man sieht sie überall, zu allen Zeiten
ein jeder Herr hat auch noch einen Sohn
die wollen alle für den Fortschritt streiten
es sind die Herzschrittmacher der Nation

ihr Schreibtisch ist wie eine Guillotine
sie sind auch Mensch, doch täusche dich
    nicht
denn sie morden mit unschuldiger Miene
ja, der Herr hat auch ein Damengesicht

Herren, Herren!

Beamte, Gurus und auch Generale
nicht mal im Grabe sehen wir uns gleich
die Herrlichkeit trägt eine goldne Schale
und die heißt Macht, lebendig und als Leich

ich will das Wort aus meinem Leben strei-
    chen
dem Herren dienen war nie meine Pflicht
sie mögen doch als Kloaufschriften reichen
es kommt der Tag, der unsere Herzen bricht

Die Melodie

die Uhr hält niemals an
und doch: er bleibt ihr Mann
auch wenn er vor ihr aus dem Leben ging
sie kennt sein Lächeln noch
und auch sein »aber doch«
und seinen Mund, an dem sie immer hing
und wenn die Katze schreit
und ihre Einsamkeit
der einz'ge Gast ist, den sie nicht mehr
   braucht
holt sie sein Passbild raus
und stellt die Uhr auf aus
macht das Kästchen mit dem Klingklang auf

die Melodie
vergisst sie nie
er ist ihr nah
so greifbar nah
die Melodie
verwandelt sie
sie kann ihn sehn
die Zeit bleibt stehn

und sie erinnert sich
an dieses Kindgesicht
an jene Nacht, die so entscheidend war
als die Gestapo kam
und ihren Mann mitnahm
weil er als Kommunist gefährlich war
und jener Leutnant stand
dort an der rechten Wand
und las die Namen mit den Kreuzchen vor
und sie sah sein Gesicht
und das vergisst sie nicht
denn seine Stimme hängt ihr noch im Ohr

die Uhr hält niemals an
und manchmal denkt sie dran
dass ihre Zeit längst abgelaufen ist
sie lebte nur für ihn
sie gab ihm alles hin
und fragt sich heute
was sie jetzt noch nützt
doch wenn sie stundenlang
mit Blumen in der Hand
an seinem Grab hockt, lebt er noch für sie
und wenn sie müde wird
und sie ihr Rheuma spürt
bleibt sie allein mit ihrer Melodie

Ach Gnädigste

da geht sie hin, sie patrouilliert
herausgeputzt auf zweiundzwanzig
sie hat sich mächtig repariert
die Dame riecht nicht mehr so ranzig

sie schleppt Juwelen mit sich rum
platinbesetzte Sowjetsterne
ein Fallschirmspringerkampfblouson
trägt sie zur Nacht besonders gerne

sie kennt sich aus in Literatur
von Marx und Krishna kann sie reden
sie diskutiert rund um die Uhr
und überholt im Kopf ihr Leben

sie sieht die Welt im Kino an
sie ist von Kopf bis Fuß frustriert
und wartet immer noch auf Tarzan
der sie aus ihrem Dschungel führt

ach Gnädigste
ach Gnädigste
mir ist es völlig gleich
ab sie arm sind oder reich
alle suchen Liebe

da geht sie hin, sie promeniert
der Regen lässt ein Lächeln gelten
Sie hat ihr Herz einbalsamiert
im Spiegel sieht sie es nur selten

ein Küsschen hier, ein Küsschen da
kraftvoll besonnen, doch dynamisch
mit Punk im Schrank und Trallala
fühlt sie sich schick und proletarisch

sie träumt schon heut von einem Mann
mit sehr viel Kopf und süßem Leben
ach, öffne dich, bourgeoiser Sesam
und gebe ihr den goldnen Segen

ich hoff, dass bald der Hafer sticht
und sie fühlt sich richtig betrogen
und schreibt Anarchie, hoffentlich
und trennt sich von Iciotologen

Weil du nicht bist wie alle andern

weil du nicht bist wie alle andern
weil man dich niemals kaufen kann
weil mit dir tausend Sterne wandern
weil du auch Wölfin bist und Lamm

weil du noch Mut hast, um zu träumen
weil in dir Schmetterlinge sind
und weil du Zeit hast, dich an Bäumen
halbtot zu freuen wie ein Kind

weil du das große Abenteuer
wie ein Geheimnis mit dir führst
weil du nicht satt bist und das Feuer
so vieler Leben in dir spürst

weil du noch in dir suchst und zweifelst
auch wenn du dich dabei verlierst
und deine Grenzen überschreitest
und weil du Recht hast, wenn du irrst

weil du Verbote einfach auslässt
weil du Gesetze hasst wie ich
weil du dich täglich etwas loslässt
weil du die Schatten kennst vom Licht

weil du ein Herz hast wie ein Bahnhof
aus dem ein Zug auf Reisen geht
und meine Stimme sagt: Fahr nicht los
wenn du für immer von mir gehst

weil du nicht bist wie alle andern
auch wenn du ausgehst wie das Licht
und mit dir tausend Sterne wandern
weil es dich gibt, liebe ich dich

hey, Fremder, sag, was war das Schönste
was hat am meisten Spaß gemacht

Sie nennen mich Tunte

wenn meine Boa, als Vorhang zur Nacht
einer Schlange gleich an mir entgleitet
bin ich König, verstoßen, verlacht
in den prächtigsten Farben gekleidet

für dich, Geliebter, verschenke ich mich
ich bin Medea und bin der King Lear
spuck der Moral in ihr blasses Gesicht
denn weil wir uns lieben, lügen wir

sie nennen mich Tunte –
lass sie reden!
Tucke, Homo, schwules Schwein
Tunte
Lass sie reden
was gäben sie darum, einmal so wie du zu sein
Tunte
lass sie reden!
Tucke, Homo, schwule Sau
Tunte
lass sie reden
weil ich ein Mann bin und eine Frau

für dich verschenke ich mein Lachen
für dich bin ich gekleidet wie ein Pfau
meine Welt sind ein paar bunte Lappen
mein Himmel aus Papier, der bleibt auch blau

mit dir zusammen leb ich einen Traum
und zeig der ganzen Plastikwelt den Po
ich pflücke uns das Äpfelchen vom Baum
Adam und Eva werden froh

liebe mich mein Freund, sei ohne Zügel
lass sie bellen, sie bellen doch aus Angst
Verbote beschneiden ihre Flügel
sie hassen doch ihr Loch, sie hassen ihren Schwanz

Zauberer in Moschus und in Leder
die Nacht bittet uns Liebende herein
ich will Liebe und das Glück wie jeder
und wage es, ein anderer zu sein

Salambo

ich bin Kellner hier in diesem tollen Schup-
   pen
wenn das Licht ausgeht, beginnt 'ne heiße
   Schau
aus der ganzen Welt beziehen wir die Nutten
doch die wenigsten davon sind eine Frau

von der Sitte kommen jeden Abend Herren
falls sich einer von den Gästen mal
   beschwert
doch die Prominenz lässt sich davon nicht
   stören
auch Minister haben hier schon mal verkehrt

alle sind bei uns zu jeder Zeit willkommen
sogar Gruppenreisen werden arrangiert
fühlt sich einer von den Herren leicht
   benommen
wird er sanft in einen Nebenraum geführt

heute Nacht zeigt sich vor all den feinen
   Leuten
die Moral, ganz ungeschminkt, doch völlig
   nackt
auf den Brettern, die die geile Welt bedeuten
zieht sie Gesichter, die man nur zu Hause
   macht

die Bühne frei für Sodom und Gomorrha
Graf Porno ist bereit für jeden Ritt
Dornmöschen fällt vor Abscheu in Sextasia
aber alle klatschen wie die Blöden mit

und ich kellner hier, sie kennen mich ja
   schon
doch um zwölf bin ich die Spitzenattraktion
dann heiß ich Claudia und tanze den Fan-
   dango
im Salambo

wo die Liebe auffällt, hinterlässt sie Spuren
denn sie musiziert bestimmt keinen Choral
unter all den schönen Strichern und den
   Huren
fühlen Spießer und Studenten sich normal

hier gibt's Zwerge und dressierte Pekinesen
schlanke Tänzer steigen in das Lotterbett
Ledermänner, Gummidamen, Fabelwesen
doch die schlimmsten davon sind aus dem
   Parkett.

Legionäre kommen von den fernsten Küsten
um dabei zu sein bei unserem tollen Fest
manche treiben es sogar mit Polizisten
und bezahlen noch dafür, dass man sie lässt

ich steh meistens hinterm Vorhang an der
   Rampe
und pass auf, dass alle ächzen, knutschen,
   schrein
doch benimmt sich einer wie 'ne echte
   Schlampe
werd ich auch privat und hau ihm eine rein

die Königin bei uns ist Josefine
sie ist so etwas wie die heilige Nacht
und jeder starrt ergriffen auf die Bühne
wenn der Engel seine Kerzennummer macht

Eine Insel

ich habe mich so oft verloren
zieh von Ort zu Ort
nirgendwo bin ich zu Hause
laufe vor mir selber fort
ich suche deine Liebe
und ziehe mit dem Wind
um dich zu finden
meine Insel

eine Kraft, die alles ändert
eine Kraft, die Lachen bringt
eine Kraft, die uns gehörte
die nur noch verhalten klingt
ich suche deine Liebe
und ziehe mit dem Wind
um dich zu finden
meine Insel

eine Insel im Meer
so stark in meinen Träumen
wie sehn ich mich nach ihr
nach einem festen Platz
mein Eiland, mein Schutz
meine Liebe zu ihr
bleibt ungenannt
und tiefer als das Meer

die Insel ist in dir und mir
das weiß ich schon so lang
wo nehmen wir die Werte her
wie fangen wir neu an
ich habe nicht gelernt zu lieben
ziehe mit dem Wind
um dich zu finden
meine Insel

Die Frau am Fenster

sie stand am Fenster in der Küche
sie war ganz nackt, und mattes fahles Licht
kam aus dem Nachbarhaus von gegenüber
fiel ihr auf Schultern, Brüste und Gesicht

doch aus den Augen flossen Tränen
sie war so schön, als hätt sie grad geliebt
und auf dem Rücken stand in unsichtbaren Lettern:
ich bin ein eingesperrtes Tier, dass nie mehr flieht

sie ging zum Spülstein, nahm das Wasser
wusch sich die Schenkel, zwischen ihnen auch
legte den Kopf ins frischgeweißte Handtuch
und sich die Hände auf den kalten Bauch

und horchte nach, ob sie noch da wär
ob's da was gäbe, was ihr ähnlich sei
doch was sie fand, war nur sein Name
und der Geruch von ihm, der blieb ihr weiter treu

und in die Küche kroch der Abend
und brachte etwas Dämmerung
sie zog sich an und ging ans offne Fenster
hörte ihn rufen, doch drehte sich nicht um

Wenn ich sing

und du hast Pferde gekauft oben im Norden
    Bamians
hast die Mädchen aus Frankfurt gesehen
die ihre Wünsche in die staubige Straße
    spuckten
die wollten weiter zu den Gurus nach Goa
und du warst viele Joints unterwegs
von Pancho nach Tschakcheran und bist dir
    kein Stück näher gekommen

und du hast in dir gesessen viele Nächte im
    klaren Frost
den Ochsen in dir gesucht, bis er oft greifbar
    nah war
warst auf den Märkten von Stambul und in
    den Kneipen von Ivalo
mal vegetarisch, mal Steak versessen
und bist dir kein Stück näher gekommen

und hättest Träume von Castañeda und
    Bloch
hast dich in den Nächten wie's trunkene
    Schiff
durch Sehnsüchte gewälzt, mit fremden
    Körpern die Scham bekämpft
die suchten in dir, was du suchtest
und du hattest am nächsten Morgen den
    faden Geschmack
von Kastanien
und bist dir kein Stück näher gekommen

und standest so oft an der Wand mit dem
    hochmütigen Blick des Richters
du wärst so gerne beteiligt gewesen an der
    Spontanität der anderen
hattest immer ein »aber« bereit
Sprangst dann doch mitten hinein ohne zu
    denken
erlebtest ein paar Momente des Glücks und
    warst minutenlang du

wenn ich sing, ist ein Mantra in mir
wenn ich sing, dann sing ich mit dir
wenn ich sing, dann bin ich mir nah
wenn ich sing, ist die Angst nicht mehr da
wenn ich sing, wird ein Augenblick wahr
wenn ich sing, dann bin ich dir nah
Wenn ich sing, singt alles heraus
was kaputt, verboten, zerschlagen, im Aus
wenn ich sing, dann bin ich dir nah
wenn ich sing, singt mein Kopf
mein Schwanz und mein Herz
wenn ich sing, singt die Hoffnung, der
    Krampf, mein Schmerz
wenn ich sing, dann bin ich dir nah
wenn ich sing, fliegt ein Stück Unterdrü-
    ckung heraus
wenn ich sing, werden Stimme und Worte
    zur Faust
wenn ich sing, dann bin ich dir nah
wenn ich sing, sing ich mit Papa Villon
mit B. B. und Robert und mit Rimbaud
wenn ich sing, dann bin ich dir nah
wenn ich sing, weiß ich noch immer nicht,
    warum
ich sing, ich weiß nicht, vielleicht
wenn ich sing, dann bin ich dir nah
wenn ich sing, dann bin ich mir nah
wenn ich sing, singst du

Veränderungen

sage nicht niemals
denn damit
verschließt du dir doch jede Tür
verhinderst dich nur selbst
ja ich weiß, du weißt schon
große Worte bringen nichts
es ist doch klar
Veränderungen sind schwer

gestern schickten meine Freunde eine Karte
die mich mahnte
lieber, guter, alter Freund
wir raten dir
bleibe bloß der Alte
der du warst
und ich machte mir Gedanken
über ihre Angst
und dachte, dachte
schade, wenn ich euch verliere
weil ihr den behalten wollt
der ich nicht mehr bin
wenn du dich bewegst
spürst du deine Fesseln
und du setzt alles dran
sie wieder zu verlieren

ja, da ist beständig diese große Angst
vorm Fallen, Fallen
die verhindert
dass du dich an Grenzen wagst
und du traust, und du traust, und du traust
dich nicht an sie heran
doch ich sag dir aus Erfahrung
mit der Zeit wirst du dich lieben, lieben
weil du die Notwendigkeit erkennst
da kommt der Mut von selbst
denn wenn du dich bewegst
spürst du deine Fesseln
und du setzt alles dran
sie wieder zu verlieren
Veränderungen sind schwer
Veränderungen sind schön

So wie ich bin

es gibt Momente in mir
da habe ich mich lieb
so wie ich bin
da sehe ich alle Fehler an mir
und mag mich
so wie ich bin
da frag ich nicht
wie muss ich sein
um dir gut zu gefallen
da bin ich einfach
so wie ich bin

es gibt Momente in mir
da lasse ich mich los
so wie ich bin
da halte ich mich nicht mehr fest
und bin doch so wie ich bin
da möchte ich kein andrer sein
um dir gut zu gefallen
da bin ich einfach
so wie ich bin

ich spiele oft den starken Mann
den Vater, den Retter, den Held
ich habe mir das alles nicht ausgesucht
lass dich dadurch nicht verwirren
ich habe Angst, dass es nicht ausreicht
lass dich dadurch nicht verwirren
ich habe Angst, dass es nicht ausreicht
so wie ich bin

es gibt Momente in mir
da habe ich mich lieb
so wie ich bin
da fühle ich mich richtig wichtig
so wie ich bin
da spür ich eine große Kraft
die mich noch lieben lässt
da bin ich glücklich
da bin ich
so wie ich bin

Mann, oh Mann

ich mag dich, wenn du offen bist
und dich nicht mehr verstellst
wenn du nicht mehr nur stark sein willst
und aus der Rolle fällst
wenn du deine Gefühle nicht verleugnest
sondern sie lässt
ich mag dich, wenn du dich nicht mehr
mit deiner Männlichkeit stresst
ich mag dich, weil du ehrlich bist
und deine Furcht nicht verhehlst
und weil du nicht zufrieden bist
mit dem, was man dir erzählt
weil du dich an die Hand nimmst
und nicht darauf wartest, dass Frau dich führt

Mann, oh Mann
du darfst doch deine Schwächen zeigen
lass dir nicht erzählen
dass du immerfort so stark sein musst
Mann, oh Mann
du darfst doch deine Ängste zeigen
wir werden uns nicht mehr verschweigen

ich mag dich, wenn du offen bist
und dich nicht mehr verdrängst
weil du auch endlich frei sein willst
wenn du dafür noch kämpfst
weil du es lernst, dich zu lieben
mit aller Unvollkommenheit

Aber wenn, dann ganz

du sagst, es geht dir schlecht
du sagst, du bist im Stress
du machst es allen recht
so gut du kannst
das erschöpft dich

du willst der liebe Junge sein
das strengt dich furchtbar an
so kriegt jeder nur ein Achtel von dir
denn ganz lässt du keinen an dich ran

lieber Freund, wie lange soll das so noch gehen
du machst dich ja kaputt
du suchst nach einem Glück
das schon verloren ging
als du Kind warst

und heute willst du es dir holen
indem du dich zerteilst
so kriegt jeder nur ein Achtel von dir
denn ganz lässt du keinen an dich ran

doch was das Schlimmste daran ist
du kriegst den alten Tritt
ja was das Schlimmste daran ist
der ist dir so vertraut
denn heute wo du's besser weißt
und dich schon mal als Mann begreifst
suchst du noch immer
suchst du noch immer
nach diesem Mutterglück

einmal wirst du dich nicht mehr belügen
denn dann ist keiner mehr da
der dich auffängt, wenn du fällst
dann musst du selber ran
ah, das erschreckt dich

vielleicht wirst du etwas verlieren
sicher auch Neues von dir sehn
du lässt ab dann bestimmt nicht jeden an dich ran
aber wenn, dann ganz

Mir geht's ähnlich

wenn alles, was du mal gelernt hast
nicht mehr gültig ist
du weißt nicht mehr
was gut was böse
wer du selber bist
und tastest wie ein Blinder
fühlst dich müde und hellwach
du hast so viele Fragen
und du kriegst mit jedem Krach
dann bleib bei dir

ich fühle es dir nach
mir, mir, mir geht es ähnlich
mir, mir, mir geht's wie dir

wenn dein Vater nur noch Vater ist
dein Sohn ist nur noch Sohn
und jeder stirbt in seiner Rolle
sie merken nichts davon
und du rüttelst an den Fesseln
fühlst dich ohnmächtig und schlapp
du suchst nach einem Freund
der neue Werte hat
dann lauf nicht fort

wir sind doch unsre eigenen Herren
wir werden uns nicht scheuen
für uns verantwortlich zu sein
es liegt bei uns, etwas zu tun
uns aus den Zwängen zu befrein
vielleicht wird es ein langer Streit
ein langes Suchen
und vielleicht
brauchen wir ein ganzes Leben
doch ich weiß es
mit der Zeit
werden wir wieder Menschen sein
es liegt bei uns
etwas zu tun
uns aus den Zwängen zu befrein
vielleicht wird es ein langer Streit
ein langes Suchen

und vielleicht
brauchen wir ein ganzes Leben
doch ich weiß es
mit der Zeit
werden wir wieder Menschen sein
wenn wir nur wolln
es liegt bei uns
mir, mir, mir geht's wie dir

Zu den Wurzeln zurück

ach ja, es könnte schon verführen
an einem starken Arm zu gehn
doch trau ich lieber meinen Kräften
ich geh zu den Wurzeln zurück
es wäre auch sicher sehr behaglich
stünden Wegweiser zum Verkauf
ich suche selber meine Heimat mir

geh zu den Wurzeln zurück
zu meinen eigenen Werten
ich hatte mich von ihnen entfernt
fast vergessen, wo ich her bin
wo immer mein Platz gewesen ist

und will man mir mit großen Worten
erklären wie ich leben soll
dann sag ich höflich, ach nein danke
ich geh zu den Wurzeln zurück
ob achtundachtzig oder siebzehn
was hilft es, wenn du nichts mehr fühlst
ich lerne von den offnen Herzen

mit aller Macht versucht man uns
Gefühle zu verwalten
vielleicht gehen wir nicht kaputt
doch könnten wir erkalten
es ist jetzt an der Zeit
diese Entfremdung zu besiegen
doch können wir es, glaube ich,
nur so, indem wir lieben

wenn eine Flamme in mir wär
ein Feuer wie ein Licht im Meer
ich könnte jeden Weg beginnen

Nur mal so sein

schmeiß die Eismaschine an
die Sonne kommt raus
wir schlittern
raus auf die Straße
die Pfützen zerplatschen
wir schlittern
krempelt die Hosen herauf
die Beine wolln Luft
segeln wir wortlos
das Buch bleibt heut zugeklappt

Autos verpacken
Bäume anstarren
das wäre fein
dich ganz erleben
ohne zu planen
nur mal so sein

raus auf die Straße
Kopf über Hals
wir stolpern
breitwangig grinsen
und Augen verteilen
wir stolpern
Schmacht habe ich
nach Tönen wie lalalala
lasst uns Worte erfinden
wie, tu was du willst

raus aus der Haut
über den Schatten
wir fallen
Nähe genießen
oder allein sein
wir fallen
nicht so viel Worte
wir sabbeln die Herzen kaputt
nicht so viel reden
Schweigen ist auch ganz schön gut

Ich fühl mich gut

mein Kontrolleur hat heute Urlaub
der Kopf sagt zwar noch nein
doch siegt allmählich mein Gefühl
ich stehe zu mir
und lass mich sein
ich lass mich sein
ich stehe zu mir
und lass mich sein

ich geb mir die Erlaubnis
ich darf heut glücklich sein
ich werd's mir nicht verbieten
ich darf mich heut ganz einfach freun
ich darf mich freun
ich darf mich heut ganz einfach freun

ich fühl mich gut, ich fühl mich gut
ich baue mir 'ne Sonne
und fühl mich heut gut
ich fühl mich gut, ich fühl mich gut
ich geb mir die Erlaubnis und fühl mich heut gut

Er dachte

er stand auf der Brücke
über'm aufgewühlten Fluss
und er dachte und dachte und dachte
und die Stimme in ihm sagte
warum gehst du nicht zu dir
er dachte und dachte und dachte

schon so lange hatte er
gegrübelt und gesucht
seine Frage in der Dunkelheit gefragt
wo ist denn dieses blöde Glück
wo ist es denn, verflucht
er dachte und dachte und dachte

denn er hatte eine Sehnsucht
nach dem unbekannten Land
doch es blieben die Gedanken wie gewohnt
denn sein Kopf war ihm vertrauter
als die rechte linke Hand
er dachte und dachte und dachte

Glaub an dich

stehst du vor 'ner Mauer, reiß sie ein
schaffst du's nicht allein
dann such dir Freunde
bist du isoliert, dann mach dich frei
schaffst du's nicht allein
dann such dir Freunde

glaub an dich, glaub an dich
zweifeln ist in Ordnung
aber einmal kommt der Augenblick
da musst du handeln
sonst bleibst du immerzu dein eigener Gefangner

mit der Angst zu leben reicht nicht aus
wenn die andern schweigen
musst du laut sein
lachen dich die Mächtigen auch aus
Mensch, wenn die von Frieden reden
kann bald Krieg sein

jeder kann was tun
du brauchst nicht zu verzweifeln
es gilt auch auszuruhn
und Schwächen zu begreifen

hast du Angst vor Krieg
dann schrei es raus
vielleicht wird es morgen schon zu spät sein
es sieht ja alles danach aus
wofür üben die denn
mal muss doch Premiere sein

Durchs Tor der Schatten

ich ging durchs Tor der Schatten
und sah in ein Gesicht
doch als ich es mir ansah
doch als ich es mir ansah
erkannte ich mich nicht
als ich es ansah
erkannte ich mich nicht

nach einer langen Reise
fand ich zu mir nach Haus
doch als ich mich dort einfand
doch als ich mich dort einfand
kannte ich mich nicht aus
als ich mich einfand
kannte ich mich nicht aus

ich hatte eine Sehnsucht
gestillt und sah es klar
dass das, wonach ich sucht
dass das, wonach ich suchte
schon immer in mir war
wonach ich suchte
schon immer in mir war

Sind da auch so viele Steine

als ich ein Junge war, da sagten sie zu mir
du musst vernünftig sein, sonst kommst du
    vor die Tür
keine Eskapaden, sei ein braves Kind
füge dich und pass dich an, so wie es sich
    geziemt
so lernte ich mich ducken, ich kannte das ja
    nur
mir blieb bloß eine Stimme, so ein Rest von
    der Natur
die konnten sie mir nicht verbieten, die
    konnten sie bloß störn
ich hatte es noch nicht gelernt, mir selber
    zuzuhörn

sind da auch so viele Steine
das Wasser findet seinen Weg
du bist doch nicht allein
wirf dich doch nicht weg

so ging ich in die Lehre der falschen Tradition
wer sich nur fleißig anpasst, bekommt schon
    seinen Lohn
ich dachte, das wären Werte, die könnten
    mir gehörn
nur manchmal durfte ich die Folgen davon
    spürn
doch dann stand ich wieder auf, wieder Jahr
    für Jahr
und fand auch einen Freund, der schon
    weiter war
den hatten sie noch nicht verbogen, der war
    bloß angekratzt
der stand mit seinen Zweifeln auf einem
    festen Platz

heute geht es besser, ich dreh nicht nach
    dem Wind
ich stolpere mit denen, die noch hungrig sind
die sich nicht verlassen, die vielleicht mal
    schrein
das ist mir doch noch lieber, als einsam satt
    zu sein
ich bin noch nicht verhärtet, auch wenn das
    üblich ist
ich glaub auch nicht, dass es so bleibt, wie
    es nun mal ist
ich brauche keine Räder, die alles überrolln
ich will mit denen gehen, die sich spüren
    wollen

Toter Mann

ich weiß nicht viel von ihm
nur dass er eigentümlich war
ich wollte ihn, den Vater
doch er wollte mich nicht
ich glaube, das erzeugt Protest
Liebe machte mich ihm ähnlich
ihm zu gefallen war mein Wunsch
ihm war es Pflicht

ich nahm sein Erbe mit
ich sang auch seine Lieder
doch nichts, auch keine Tränen
brachten ihn zurück
im Sterben war er konsequent
warum nicht auch im Leben
ich hätt ihn gern mal aufrecht gehen sehn

toter Mann, sag
wie geht das Sterben an
tut es weh
oder ist es angenehm
gehst du fort
oder kommst du
nach einer langen Reise an
toter Mann
warum fürchte ich mich dann

mach's gut mein kalter Alter
ich sag dir noch mal Tschüss
kein Bitten, keine Schuld mehr
und auch keine Pflicht
du wähltest dir die Nacht
ich will dir da nicht folgen
ich gehe meinen Weg
und nehme mir den Tag

Freches Kind

freches Kind will spielen
freches Kind
will nicht mehr
vernünftig sein
freches Kind will Scheiße bauen
freches Kind
will nicht mehr
vernünftig sein
es will keine Zahlen mehr
es will lachen
und nicht mehr
eine Mauer vor die Freude
bauen lassen
freches Kind will Sonne sehn
es will stammeln
stolpern
fallen
und will endlich auf die große Reise gehn
es will aus sich heraus
will entdecken
will hinaus

denn der Wind
singt ein Lied
ohohohohohoh
singt, ich habe dich lieb
ohohohohohoh
freches Kind

ich will Luft
ach, wie eng ist's hier
niemand lacht
ach, wie streng ist's hier

Vielleicht wirst du nicht fliegen

da wird es einen Tag geben
bestimmt nach einer schweren Nacht
da wirst du wissen
das Maß ist voll
das Glas ist leer
du hast genug
du willst nicht mehr
so leben

und du hast an diesem Morgen
keine Zweifel mehr
nur noch die alte Angst
was soll nun werden
doch lieber leben
jetzt, sofort
an irgendeinem fremden Ort
als langsam sterben

und du siehst
auf deine Schuhe
deine Hände
und du weißt
diesen Weg
musst du allein gehn
niemand wird jetzt
bei dir sein
und du fasst dir ein Herz
du machst dir Mut
du kommst zu dir
und gehst
aus der Tür

vielleicht wirst du nicht fliegen
vielleicht wirst du nur gehn
irgendwie
irgendwohin
um zu sehn

Ciao bella

ich drohte zu ertrinken
ich dachte zu versinken
in dir und ohne dich
allein sein hieß für mich
ohne dich zu sein
jetzt liegt er da
der starke Mama-Mann
und wartet auf den Schlaf
der so nicht kommen kann
viele Frauen trugen dein Gesicht
ich weiß nicht, denke ich an sie
oder denke ich an dich?

ciao bella, bella ciao
ich geh zu mir nach Haus
ciao bella, bella ciao
aus Kläuschen wurde Klaus

du hattest mich besessen
ich durfte nicht vergessen
wer mich unter Qualen gebar
so liebevoll und leidend
konntest du nur
heilig sein
du warst meine erste Liebe
doch dein Bett war eine Wiege
werd ich jemals ohne dich sein
Mutter
ewig dir verbunden sein
N E I N

Allein

sooft will ich mir entgehn
und suche Abwechslung
ich will dann nicht im Schatten stehn
und hoffe auf Erlösung
doch die gibt es nicht, mein Freund
vielleicht Minuten voll Glück
der Rest ist ein sehr kleiner Schritt
der führt zu dir zurück

sooft will ich mir entgehn
um nicht allein zu sein
ich will dann schnell nach draußen gehn
nicht mehr bei mir sein
doch ich schaff es nicht, mein Freund
ich kann mir nicht entgehn
du weißt, es braucht die ganze Kraft
sich selber anzusehn

denn im Grunde bin ich allein
im Grunde seines Herzens ist jeder allein
ich bin sterblich und allein
das heißt doch nicht gleich
einsam zu sein

was hilft da alles Weinen
wenn du dich verlierst
der Große in dir
schützt den Kleinen
er hilft dir
wenn du fällst

Ich war ein guter Untertan

ich habe viel zu laut gelacht
habe mich stark und groß gemacht
hab mich vor Damen aufgebaut
dabei nach Punkten ausgeschaut
ich hab gebettelt und geweint
hab mich verleugnet und geschleimt
machte mich klein und log mich an
ich war ein guter Untertan

wenn sie kam, dann war ich da
doch blieb sie aus, fiel ich sogar
in tiefste Tiefen, die's nur gibt
wenn man sich selber nicht so liebt
ich war verdorrt, war ausgebrannt
ich gab mich völlig aus der Hand
so schuf ich mir den Hampelmann
ich war ein guter Untertan

ja, wenn sie da war, war ich froh
doch blieb sie aus
dann war es so
na ja, so eben ohne Wärme
nur mit mir,
ich hab mich völlig übersehn
die Nacht hieß für mich überstehn
ich sah nicht, was doch andre sahn
ich war ein guter Untertan

ja, du warst gut
und ich war schlecht
ich fühlte Schuld, du hattest Recht
das Recht der Urmütterlichkeit
ich war zur Aufgabe bereit
ich hab dich viel zu lang geschont
wurde mit Zärtlichkeit belohnt
ich kotzte mich schon selber an
ich war ein guter Untertan

doch heute bin ich unbequem
nicht mehr wie früher angenehm
ich streite gern und mit Verlaub
hau ich zurück, wenn einer haut
ich bin jetzt öfter gern allein
ich weiß, es würde anders sein
wär ich geschickt und dann und wann
wieder ein guter Untertan

Hinter Türen

da ist die Tür, aus braunem Holz
Berliner Altbau
und in dem Flur, gleich links
die Tür zu eurem Bett
vor dieser klebte ich oft nachts
mit meinem Kissen
verheult und voller Angst von Träumen
    aufgeschreckt

da ist die Tür, da roch es alt
nach Oma Müller
diese Frau war mehr ein strenger General
sie war nicht gütig
und erst recht nicht wie im Märchen
nur, wenn sie da war
war mir das meistens egal

da ist die Tür, nach vorne raus
das helle Zimmer
es war Kulisse eurer vielen Streitereien
ich hörte Ängste, immer wieder laute Fragen,
lässt er sie oder lässt sie ihn bald allein
da gab es Partys
Weihnachten und auch Geburtstag
und wenn ihr aus wart
machte ich mir dort mein Bett
und ich wartete und zählte die Minuten
und Schatten warf
das Fenster auf's Parkett

hinter jeder dieser Türen
lernte ich verlieren
habe ich verlieren gelernt

das ist die Tür zur Badestube, die Toilette
da hab ich weniger gesessen als geheult
denn da wurden mir die mütterlichen Sorgen
mit dem Rohrstock auf
den blassen Arsch gebläut.
das hieß Bestrafung für umgangene Gesetze
war ein, Schlag auf Schlag, Erziehungsritual
und ich hörte noch nach 25 Jahren
das wäre für gesunde Kinder ganz normal

da ist die Küchentür, dahinter war der
    Sonntag
denn ich war ein liebes, braves Sonntagskind
ich aß am Sonnabend das Hühnchen erst als
    Suppe
und am Sonntag wusste ich was Hühner
    sind
da ist die Kammer voll mit Kohlen
für den Winter
und eine Tür zum Träumen
für den kleinen Klaus
hinter dieser wartete bestimmt auf mich der
    Sommer
sie war nicht offen
doch sie führte wohl hinaus

Kann nicht verzeihen

kann nicht verzeihen
kann es nicht lassen
die Vergangenheit
liegt in mir
wie ein Stein
sie friert mir
langsam
Herz und Seele ein
kann nicht verzeihen

will nicht verzeihen
will nicht vergessen
alte Schläge
sollten längst
verwunden sein
doch in den Träumen
fallen sie mir
wieder ein
will nicht verzeihen

Morgen
wird Vergangenes
Vergangenheit sein
und jedes Denken an Zurück
wird ein Teil
aus meinem Leben sein

ich will vertrauen
ich will es lassen
die Zeit lässt
alles schön
vergänglich sein
sie lässt uns
allesamt
Verlierer sein
lässt uns verzeihen

Ich habe dich so gern

ich habe dich so gern
du hast mir immer gut getan
ich spüre mich bei dir
und fühle mich als Mann

ich habe dich so gern
was soll ich prüfen, es ist wahr
ich merke trotz der Nähe
ich bin noch immer da

du bist mir oft der Vater
so wie ich dir Mutter bin
doch im Grunde sind wir, ganz und gar
von selbst bestimmt

ich habe dich so gern
du hast mir immer gut getan
ich fühle mich bei dir
niemals als Untertan.

Tschüss

es ist so weit
aus und vorbei
alles ist gesagt
wir sind beide auf dem Grund
willst du
wirklich gehn?
ich weiß, ich frage dich nicht mehr
am besten ist, ich halte meinen Mund

doch da ist so ein scheiß Gefühl
das sagt, ich halt dich fest
du sollst bleiben, sagt es mir
du darfst nicht gehn
es zerreißt mich fast
erinnert mich
an alte Kinderzeit
da ließen sie mich
auch schon mal so stehn

sei lieb zu deiner Seele
schütze sie, sie ist ein Kind
tu dir nicht noch selber weh
das haben andere schon getan
wir gehen fort und kommen wieder an

du bist mir doch nichts schuldig
hör doch auf
und wenn du gehst, dann bloß nicht wie ein Mann
setz dich doch noch einmal her
ich weiß, es tut dir weh
ich hätte nur gern auch etwas getan
erst kommt die Wut
dann die Trauer
und vielleicht vergess ich dich
der Schmerz geht sicher irgendwann vorbei
so wie du mich allmählich
aus den Träumen drängen wirst
um offen für das Leben zu sein

tschüss, mach's gut
tschüss, bleib gesund
tschüss, auch wenn es mich zerreißt
ich lass dich gehen
tschüss, tschüss, tschüss
bleib gesund
tschüss, tschüss, tschüss
schreib mir mal
was du machst und
was du anhast
wie's dir geht
ich weiß, es ist ein Traum, so zu gehen

Ich hab die Liebe gesehn

ich hab sie jahrelang gesucht
ich glaube schon als Kind
ich hab sie überall gesucht
seit ich denken kann
doch ich fand sie nie
nirgendwo
ich suchte sie
überall
viele hatten sie gesehn
viele wussten was von ihr
ich konnte nicht verstehn
warum kam sie nicht zu mir
war sie aus der Stadt geflohn
war sie vielleicht eingesperrt
war sie hoffnungslos verlorn
gefedert und geteert

bis heut Nacht Freunde
ich fand sie heute Nacht
wie durch Zufall, Freunde
ja, ich traf sie heute Nacht
und sie gab mir ihre Hand
die Reise war zu Ende, Freunde
ja, sie gab mir ihre Hand
und ich wusste, wen ich fand

ich hab die Liebe gesehn heut Nacht
ich hab die Liebe gesehn heut Nacht

ohne Liebe will ich nicht mehr sein
ohne Liebe geht's nicht mehr
ich lass sie frei
ich teile sie nicht ein
sie findet immer wieder her

ich sah sie in zwei Augen
einem Lachen, einer Wut
ich traf sie hier vor meiner Tür
sie war ja gar nicht tot
zwischen vielen Menschen
in 'nem Kindgesicht
viele hatten sie gesehn
sie trauten ihr bloß nicht

Morjen Berlin

Morjen Berlin, Morjen du Schöne
Herz in der Hand, Küsse im Sinn
Schnauze, du Stadt, machst lange Beene
rennst vorne weg, knallst wieder hin
machst uff janz groß, du große Kleene
stehst uff besonders, bist Provinz
Morjen Berlin, Morjen du Schöne

Morjen Berlin, Morjen du Schöne
verhungertet Kind, Fussel im Bauch
Klappe du Gör, hälst große Reden
schlägst Riesenrad, stehst uff'm Schlauch
wartest auf Sonne, du lachende Träne
zauberst dir Regen, du Trümmerkind
Morjen Berlin, Morjen du Schöne

Mama ist weg, Papa geht fremd
dich will doch keener, nich mal geschenkt
hör uff zu flennen, putz dir die Nase
ick mag dich, ick mag dich, ick mag dich
komm altet Mädchen, ick bin dein Prinz

Morjen Berlin, Morjen du Schöne
der Zirkus beginnt, die Clowns schlagen
    Krach
dufte du Stadt, lass et mal tönen
Riesenspektakel bis in die Nacht
ick lieb deine Farben, ick lieb deine Töne
och wenn du langsam graumeliert klingst

Morjen Berlin, ich bin dein Prinz

Der Dreck der Straße

du kannst dich parfümieren
goldene Ketten schmieden
du kannst dich mit smaragdenen
Steinen ausstaffieren
du kannst dich kleiden
königlich in Silber wiegen
du wirst niemals
deine Herkunft
verlieren

denn wo du herkommst
da trägt man keine Seide
denn wo du her bist
gehen alle grau in grau
der Dreck der Straße
klebt wie Pech und Schwefel an dir
den Dreck der Straße
spürst du immer noch genau

steig auf die Leiter
zu den oberen Zehntausend
nimm dir 'ne Lady
wach in ihren Armen auf
sprich ihre Sprache
geb dich mächtig
wohlerzogen
hat sie genug von dir
zahlt sie den Lümmel aus

Ratten der Großstadt

SO 36
Steine im Gedärm
Kinder furzen wieder
auf die Macht
heimatlos
im Rinnstein
stehn sie an der Wand
spielen diesmal keine Tortenschlacht

schmieren auf die Werbung
Liebe gibt es nicht
mauern sich mit
Nato-Stacheln ein
wollen keine Liebe
kennen auch kein Glück
lassen keinen Wichser
an sich ran
Ratten der Großstadt

Ratten der Großstadt
halten nicht die Klappe
gehen voll drauf los
bis der Nachbar schreit
ihr seid nicht unsere Kinder
ihr gehört ins Lager
so war es damals gut
so ist es auch noch heut

manche werden Faschos
andere werden Skins
wenige von ihnen
halten durch
jeder will 'ne Arbeit
mit 'nem bisschen Spaß
was gibt diesem Leben
einen Sinn

Tegel

hab mein Ticket
hab mein Passport
habe Geld und habe mich
ich will fliegen
will zur Erde
dabei denke ich an dich

Tegel ist Abschied
ist Ankunft zugleich
heißt kommen und gehen
ist hart und weich

ich bin Bettler
ich bin König
ohne Kopf und ohne Zahl
warum ist
wenn zwei sich lieben
immerfort die Trennung nah

warum zerrt es mich nach Morgen
warum halt ich jetzt nicht aus
ach, wir gehen und wir kommen
und sind überall zu Haus
warum sagst du nicht, komm bleibe
steh doch still und geh nicht fort
deine Welt mit all den Zeiten
schleppst du hin zum nächsten Ort

Tegel, blödes Tegel
du verdammtes Tor zur Welt
Tegel, liebes Tegel
bist die Heimat, ausgezählt

warum soll ich neu gewinnen
was an Boden ich verlor
schau, der Narr wetzt seine Hacken
läuft zurück und wieder vor
doch ein Glück gibt es dies Morgen
und ich freu mich schon darauf
ja, wir gehen und wir kommen

Tegel, ich falle hinauf

Städter sind cool

den Blick sehr streng nach vorn jeklebt
die Lippen sabbeln Selbstjebet
sie eilen Bauch an Backe
vorbei, vorbei, nur schnell vorbei
wat immer noch so wichtig sei
hier stoppt nur Hundekacke
'ne Stadt hat immer Hauptsaison
hier triffst de dich durch's Telefon
und hechelst, lass uns sehen
und weiter jeht's im Jänsemarsch
im Affentempo, Arsch an Arsch
man lässt sich nischt entgehen

Städter sind cool, cool, cool …

die Koppnuss hemmt den Ballermann
wie schad, dass Paul nich vögeln kann
er kann zumindest reden
Beziehung hin, Beziehung her
beziehungsweise hin und her
und jeder gegen jeden
ick will zu mir, du willst zu dir
wir bleiben lieber weiter hier
und werden renovieren
wat heißt hier Mann, wat heißt hier Frau
die Ehe macht uns beide grau
et is zum Kinderkriegen

Städter haben nischt zu lachen
Städter weinen nicht
Städter rennen durch det Leben
mit verkniffenem Jesicht
Städter hängen sich den Himmel
mit Stickstoffwolken voll
Städter pflanzen Gummibäume
finden Plastiksonnen toll

Städter sind verrückt und irre
Städter sind total beknackt
so wat brauchste hier zum Leben
sonst frisst sie dich, die Stadt
Städter kannste nicht schockieren
Städter haust de nich vom Stuhl
lebenslang uff allen Vieren
aber cool, aber cool

Junge Hunde

Lust flammt auf und lässt die Herzen vögeln
wohin mit all den Säften und der Zärtlichkeit
wem schenkst du dich, mit wem wirst du heut segeln
wer teilt dein Bett und deine Fruchtbarkeit

ich seh sie hinter jeder Ecke lauern
glatte Wangen, schmale Nacken, starkes Haar
immerfort bereit 'ne Liebe abzumauern
vorneweg und atemlos und wunderbar

junge Hunde
Stadtmatrosen
suchen unermüdlich Liebe
suchen Liebe, Liebe, Liebe
suchen Love

junge Hunde
Mauerrosen
wollen unermüdlich Liebe
wollen Liebe, Liebe, Liebe
wollen Love

Lust flammt auf, was hast du zu verlieren
wozu sich noch verstecken, wenn du hungrig bist
die Zeit ist knapp, es gilt sich noch zu spüren
schnell, bevor die Nacht wieder zu Ende ist

immer feste ran, im Dickicht der Gefühle
da gibt es keine Schonung, wenn's um Liebe geht
kalte Herzen können allzu leicht erfrieren
junge Hunde suchen sich ein warmes Bett

Gewalt

ich sehe dich, doch wo bist du
du bist gar nicht da
was hat er wieder mit dir angestellt
zeig mal dein Gesicht
bist ja völlig verbeult
wie lange machst du das noch mit
deine Arme sind zerkratzt
getreten hat er dich

du kommst seit Jahren zu mir
erzählst mir immer nur das Gleiche, nämlich
dass er dich schlägt
was, jetzt will er auch noch 'n Kind von dir
du meinst das ändert euer Problem
und du liebst ihn
meine Güte, was muss erst geschehen,
bis du endlich lernst

Gewalt
aus süßen harten Augen
Gewalt
aus Händen die beschützen solln
Gewalt
und du sagst, dass du ihn brauchst
Gewalt
und gehst immer wieder hin
Gewalt, Gewalt, Gewalt

nun komm erst mal herein
setz dich hin
sicher bleibst du heute Nacht hier
aber anrufen, nein
anrufen, nicht
das machst du diesmal allein
ich hasse euer Spiel
ich mach das nicht mehr mit

ja, heul dich ruhig aus
dieser Scheißkerl kotzt mich an
ist schon traurig, wie du da hängst
warum gehst du nicht weg
warum hälst du das aus
warum tust du dir das an
was muss erst geschehen
bis du deine Sachen nimmst

Für zwei Stunden

das Bett ist schlecht gemacht
die Matratzen sind zu weich
im Waschbecken sind Spuren
von der letzten Nacht
die Tapete blättert ab
baumelt träge an der Wand
wir haben für den ganzen Tag
bezahlt

wir kennen diesen Raum
er ist uns schon vertraut
jeden Mittwoch
sind wir hier
die Zeiger von der Uhr
sind schon lange nicht mehr da
wir haben Zeit
bis viertel vier

zusammen
für zwei Stunden
im Hotel
auf Zimmer fünf
vergessen
für zwei Stunden
dass wir beide
sterblich sind

wo bist du
wo bin ich
kein Warum
keine Fragen mehr
kein Morgen
keine Antwort
kein Zurück
nur noch Jetzt
nur noch Jetzt

du küsst mich auf den Mund
und ich weiß an wen du denkst
draußen lärmt die Stadt
du ziehst dich langsam an
ja es ist wieder soweit
hier bleibt man nicht
hier reist man ab

Keine Zeit

keine Zeit
keine Zeit
zum Leben keine Zeit
für Lachen,
Spaß und Heiterkeit
keine Zeit
keine Zeit
zum Lieben keine Zeit
für Tränen
und für Traurigkeit

keine Ebbe, keine Flut
atemlos und immer Sturm
im Gleichschritt der Gefühle
keine Zeit zum Leben
nur so tun

keine Zeit
keine Zeit
für Träume keine Zeit
für Küsse, Nähe
und für Zärtlichkeit
keine Zeit
keine Zeit
zum Schlafen keine Zeit
für Schwäche,
Demut und für Freundlichkeit

zum Leben keine Zeit
zum Lieben keine Zeit
zum Reden keine Zeit
zum Schweigen keine Zeit
zum Gehen keine Zeit
zum Bleiben keine Zeit
zum Lachen keine Zeit
für Tränen keine Zeit

ich geb nur was,
wenn ich dich verlier
keine Zeit
ich geb nur was ...

Sommer in der Stadt

vorbei an den Lichtern
den Neongesichtern
vorbei an Fassaden aus Stein
will vergessen
will endlich vergessen
bin allein
will es auch so sein
bin auf meinem Weg
weiß nicht, wohin es geht

ich verjag die Schatten
die nächtlichen Schatten
der Morgen friert mich frei
jetzt ins Café sinken
mit den Männern trinken
die Nacht ist wieder vorbei
da, ein Engel wacht auf
hängt eine Sonne raus

und ich nehme meine Sachen
und ich trete vor die Tür
ich sag zu mir, mein Freund
lass es einfach gehn
es geht vorbei
es ist Sommer in der Stadt
Sommer in der Stadt

es ist warm, es ist schön
ich will noch so viel sehn
ich hab ein Herz und ich habe Verstand
es ist warm, es ist schön
ich kann wieder Menschen sehn
ich hab ein Herz
und ich habe Verstand
ich brauch keine Million
um was für mich zu tun

komm hinauf zum Zauberberg
fliegen ist nicht schwer

Gesichter

Für Hilde Knef

ich sah Gesichter
die waren kalt und hart
und jedes Lächeln war für einen Zweck
ich sah Gesichter
die verschwanden in der Hoffnungslosigkeit
und sah ich sie
dann schaute ich schnell weg

ich sah Gesichter
klug und ernst
würdevoll, ein ganzer Herr
bestätigt, auserwählt
in grenzenloser Macht
ich sah Gesichter
blass und farblos
ausgezehrt und ohne Glanz
die sahen keinen Stern in ihrer Nacht

es gibt Menschen, denen rennt das Glück
die Tür zum Leben ein
und jeder Schritt bedeutet Hauptgewinn
und andere, die stolpern Tag für Tag
und fallen letztlich
immer wieder hin

ich sah Gesichter
würdig, greis
ein alter Baum auf freiem Feld
die trotzten jedem Sturm noch Leben ab
ich sah Gesichter
glatt und farblos
demütig und angepasst
die machten schon mit
zwanzig Jahren schlapp

ich sah Gesichter
klar wie Steine
ungebrochen, nur sehr alt
die waren jung im Herzen
und noch warm
ich sah Gesichter
goldne Augen
Silbermund und Eisenherz
so königlich und dennoch bettelarm

Mitten im Winter

ich sah dich auf der Straße
mit dem gelben Hut
70 Jahre warst du alt
das tat mir so gut, ja
mitten im Winter
wurde es warm

eine alte Lady
kein Bittergesicht
die hatte Lust auf Leben
sterben wollte sie noch nicht, nein
mitten im Winter
wurde es warm

und alle Leute sahen auf deine Hand
junge Spießer verloren den Verstand
du schobst dich näher an mein Knie heran
an eine Stelle, wo ein Mann
nicht mehr nach Hause gehen kann
macht das eine Lady
eine alte noch dazu
was soll'n die Leute sagen
die schauen uns doch zu

mitten im Winter
wurde es warm
mitten im Winter
nahm dein Lachen mich in den Arm
mitten im Winter
schmolz das Eis
mitten im Winter wurde mir heiß

und jeder auf der Straße sah uns beide
den jungen Schnösel und die alte Frau
soviel Frühling geht wohl jeden an
dass er nur leise
weinend überwintern kann
für ein reifes Mädchen gingst du
ganz schön frech nach vorn
für 'ne alte Frau warst du kolossal in Form

Wenn ein Mann einen Mann liebt

was hast du mit mir gemacht
ich sing deinen Namen
ich sprech ihn im Schlaf
was hast du mit mir gemacht
du bist mein Gebet
ich ahme dich nach

lass mich los
lass mich gehn
ich darf dich nicht wiedersehn
du hast mich aus dem Gleis gebracht

was hast du mit mir gemacht
ich mal dein Gesicht
ich küss dich im Schlaf
was hast du mit mir gemacht
du machst mich stark
du machst mich schwach

lass mich los
lass mich gehn
ich darf dich nicht wiedersehn
du hast mich aus der Bahn gebracht

wenn ein Mann einen Mann liebt
steht die kleine Welt Kopf
wenn ein Mann einen Mann liebt
heult die kleine Welt auf
wohin mit den vielen
furchtbaren Gefühlen
wo's doch jeder sieht
wenn ein Mann einen Mann liebt

wenn ein Mann einen Mann liebt
steht die kleine Welt Kopf
wenn ein Mann einen Mann liebt
heult die kleine Welt auf
wohin mit den Küssen
dem schlechten Gewissen
wo's doch jeder sieht
dass ein Mann einen Mann liebt

was hast du mit mir gemacht
ohne dich bin ich krank
und mit dir verdammt
was hast du mit mir gemacht
du bist mein Tag
du bist meine Nacht

Für det bisschen Zärtlichkeit

ick würd die ganze Nacht telefoniern
ick würd um 5 Uhr früh noch Kippen ziehn
wär der beim Cognac ohne Raum und Zeit
für det bisschen Zärtlichkeit

ick würd wie 'n kranket Tier zum Wasser gehn
»Bitte« sabbelnd uff der Brücke stehn
wär der mit dem unbegrenzten Selbstmitleid
für det bisschen Zärtlichkeit

ick würd dich suchen
würd dich finden
wäre bei dir
wäre außer mir
ick wäre echt für jeden Fall bereit
für det bisschen Zärtlichkeit

ick würd vor deiner Türe Wache stehn
theatralisch uff'n Knien gehn
wär der, der an sich nie verzeiht
für det bisschen Zärtlichkeit

ick wär der Narr, der große Worte baut
ick wär det Kind, det mit der Schippe haut
und wär der erste, der »verschwinde« schreit
für det bisschen Zärtlichkeit

ich wär für jeden Scheiß bereit
für det bisschen Zärtlichkeit

Ich gehe in ein anderes Blau

(nach einem Gedicht von Rolf Dieter Brinkmann)

das Abendland ist ausgebrannt
Händler hecheln durch das Land
preisen schon die Reste

der Fortschritt lahmt, er gibt uns auf
wir schreiten schon zum Ausverkauf
und sind nur noch die Gäste

wir haben viel
und sind doch nichts
der Hunger
steht uns im Gesicht
und wir kaufen, kaufen, kaufen
was wir nicht brauchen, brauchen, brauchen

wer hat gesagt, dass so was Leben ist
wer sagt, dass so was Leben ist
ich gehe in ein anderes Blau

das Abendland ist ausgebrannt
Händler hecheln durch das Land
preisen ihre Lügen
der Fortschritt dient uns längst nicht mehr
wir sind die Sklaven, er der Herr
wir geben unseren Segen

es ist schon zwölf
wir wissen es
wir leben
und vermissen es
und wir kaufen, kaufen, kaufen
was wir nicht brauchen, brauchen, brauchen

doch ich glaube nicht mehr
nein, ich glaube nicht mehr
ich glaube keinem Händler mehr

das Abendland ist ausgebrannt
Händler hecheln durch das Land
preisen schon die Asche
der Fortschritt ist ein kranker Gaul
nach außen frisch, doch innen faul
er liegt uns auf der Tasche

wir schlafen fest
und hoffen noch
nach all den Kriegen
immer noch
und wir gaffen, gaffen, gaffen
auf all die Waffen, Waffen, Waffen
ja, der Herr wird es schon schaffen
na, ganz bestimmt wird er es schaffen

Ohne dich

ohne dich
wär ich ein Schiff am Horizont
ohne dich
niemals die Sonne, nur der Mond
ohne dich
würd ich mit Wind und Wellen gehn
ohne dich
wär ich immer auf See

ohne dich
würde ich in die Städte gehn
würd mich unter Tage schlagen
würde nie die Sonne sehn
ohne dich
wäre die Zärtlichkeit mein Feind
ohne dich
wär ich immer auf See

ohne dich
ich weiß nicht, was ich wär
ein Händler, Legionär
sprachlos, stumm, verlorn
in meiner Näh
ohne dich
läg auf meinem Herzen Schnee
tät die Liebe sogar weh
wär ich immer auf See

Madonna

du sagst, so schnell hast du
noch keinen Mann geküsst
na schön, Prinzessin
bloß wir schreiben bald August
und seit Monaten mach ich
das Männchen, renn dir hinterher
habe sogar abgenommen
spiel den Hahn
und bin nicht mehr

heilige Untat
es ist bald nach Mitternacht
du bist so kühl
so stumm
hast nicht mal laut gedacht
soll ich uns 'ne Pizza holen
stellen wir das Radio an
es ist wie in der Schule
ich bin da, und bin nicht dran

Madonna
du Miststück
du führst mich vor
küss mich
oder vergiss mich

was soll ich machen
soll ich nach den Sternen sehen
willst du einen Supermann
oder soll ich auf den Händen gehn
sag was, Mädel
oder zerschlag was
du machst mich krank
mit deinem »Rühr-mich-bloß-nicht-an-Gesicht«

ja die Henne
bringt den Hahn zum Krähen
dog dog dog dog

Küss mich
oder vergiss mich
küss mich

Der Boss heißt Coca-Cola

hey Chef, gibt's auf der Welt noch irgendwo
    was zu befreien
vielleicht 'n Kontinent, könnte auch was
    Kleineres sein
hey Chef, solln wir mal schnell auf einen
    Kreuzzug gehn
willste irgendwo am Arsch der Welt deine
    Fahne flattern sehn

der Boss sagt nein, ist schon alles da
der Boss sagt nein, ist schon alles da
der Boss hat Recht
der Boss heißt Coca-Cola

hey Meister, solln wir unerkannt zu den
    Indianern gehn
oder zu den Nepalesen auf den Himalaya
    ziehn
oder Meister, soll es mal was ganz
    Besonderes sein
knalln wir in das Weltall, ziehn uns 'ne
    Galaxis rein

der Boss sagt nein, ist schon alles da
der Boss sagt nein, ist schon alles da
der Boss hat Recht
der Boss heißt Coca-Cola

Coca-Cola gibt es auf der ganzen Welt
sogar im tiefsten Indien, da kannste Cola
    finden
Coca-Cola gibt's genug für wenig Geld
sogar die Kids in China finden Cola prima

Coca-Cola heißt die Droge der Nation
sogar in den Ardennen muss man das
    erkennen
wollt ihr Coca oder den totalen Kohl
wir wollen Coca-Cola, wir wollen Coca-Cola

Chef, sag mal, gibt's denn wirklich keine
    weißen Flecken mehr
ist der Kuchen völlig aufgeteilt, braucht man
    denn gar nichts mehr
hat keiner Lust auf dieser Welt und kein
    Bedürfnis mehr
ich weiß was, Meister, wir stelln einfach
    neuen Hunger her

der Boss sagt ja, das wäre genial
der Boss sagt ja, das wäre wunderbar
der Boss hat Recht
der Boss heißt Coca-Cola

Sieger sein

offenes Herz, barfuß gedacht
bist ohne Waffen, bist ohne Macht
wolltest die Wahrheit, wolltest sie ganz
ein bisschen Leben, ein bisschen mit Glanz
jetzt stehst du im Regen, weißt nicht wohin

weißt nicht nach vorn, weißt nicht zurück
war das nun alles, war das das Glück
wie sagte die Frau doch, wie war das noch mal
wer nur verliert, der hat keine Wahl
du hast sie verlacht, das ist gar nicht wahr

Sieger sein
einmal Sieger sein
da muss doch noch ein Platz für dich
an der Sonne sein

Sieger sein
einmal Sieger sein
wer so oft verloren hat
wird einmal Sieger sein

offenes Herz, barfuß gedacht
bist ohne Waffen, bist ohne Macht
willst dich vermauern, wirst so zu Stein
wirst dann ein Stein unter Steinen sein
offenes Herz, schließ dich nicht ein

wirst so erhärten, wirst so zu Eis
wo steht das geschrieben, ist das der Preis
für all die Kraft, für all die Qual
für all die Tränen in diesem Jammertal
bleib offenes Herz, wirst Sieger sein

Ich liebe die Nacht

ohne sie gäb's keine Heiterkeit
keine Tränen, keine Zärtlichkeit
ohne sie wäre kein Kuss
kein liebes Wort nach einem Streit

ohne sie wäre das Glück nur halb
ohne sie blieben die Herzen kalt
ohne sie wäre kein Liebesbrief
nach Kummer und nach Leid

kein Leben ohne Sterben
keine Liebe ohne Tod
wo Licht ist, fallen lange Schatten
das Böse macht sie gut

ich hab keine Angst vor ihr
keine Angst vor ihr
nein, im Gegenteil
sie macht mich heil
ich liebe die Nacht
ich hab keine Angst vor ihr
wenn das Dunkle erwacht
das Verbotene lacht
ich liebe die Nacht

ohne sie wäre kein Morgen da
ohne sie kein Schlaf, kein neuer Tag
keine Hoffnung, keine Demut
keine Angst und auch kein Trost

nur durch sie liegen Verliebte wach
nur durch sie werden auch Priester schwach
ziehen Mörder, Diebe, schwarze Katzen
das große Los

Mach das Licht noch einmal an

Königskind hat so geweint
die Schlacht ist aus
der Morgen scheint
die Wunden auszuwaschen
warum der Kampf
wozu der Streit
gebranntes Kind
in Einsamkeit
komm, lass uns endlich schlafen

soll das etwa die große Liebe sein
der Traum vom Glück
so unnahbar allein
vermauert, dicht
und hinter Stacheldraht
dort, wo man nicht mehr leidet
dort, wo der Tod uns scheidet

mach das Licht noch einmal an
ich will dir in die Augen sehn
wir haben so viel Zeit vertan
ich will dich sehen
will dich spüren
dich verstehen
lass mich doch an dich heran
mach das Licht noch einmal an

die Nacht verblasst
die Schlacht ist aus
der Morgen spült
die Wunden aus
zwei Krieger, müde
von den Kriegen
die Schwerter ruhn
da ist kein Weg
und jeder hockt
in seinem Eck
verloren
in den Siegen

ich liebe dich
und dennoch
bist du mir Gefahr
wie damals
als für uns
noch Frühling war
dreh dich nicht ab
ich will zu dir
mein Lieb
es tut mir leid
hier meine Hand
komm Schwesterchen, wir gehn an Land

Die Händler

bring mich hier weg
bring mich runter zum Fluss
ich hab so schwer geträumt
mir war
als hätte alles seinen Preis
jedes Wort
jedes Ding
jeder Kuss
bring mich hier weg

leg den Arm um mich
komm ganz nah
komm ganz nah
schau mir ins Gesicht
sag mir
bin ich noch der
der ich immer war
ist der Clown noch da
staunt das Kind noch
wunderbar

lieber allein
und wieder auf der Straße sein
als gestriegelt und gebügelt
so wie die
ein Händler zu sein

sind wir noch da
oder schon satt und verfault
bist du schon tot
mein Herz
oder hat man uns mit Haut
und Haar gekauft
Sicherheit
mein Lieb
wird Einsamkeit
und Herzeleid
lass dich nicht kaufen
lass dich nicht kaufen
lass keinen Händler hinein

Mein Weg ist mein Weg

da ist keiner der adieu sagt, der dich hält
und keiner der dich grüßt und Fragen stellt
und irgendwo da draußen
in der Nacht sollst du dich spürn
doch alles was dich ausmacht
ist nur Angst dich wieder zu verliern

da ist keiner der dich auffängt, wenn du fällst
der, der dir jetzt Mut macht bist du selbst
und doch in dieser Dunkelheit, stehst du plötzlich im Licht
zum ersten Mal da siehst du es
zum ersten Mal zweifelst du nicht

mein Weg ist mein Weg, ist mein Weg
und kein Schritt führt mich jemals mehr zurück
mein Weg ist mein Weg, ist mein Weg
mit Schatten und mit Tränen
mit Lachen und mit Glück
mein Weg ist mein ureigener Weg

und wie von selbst wird alles um dich leicht
die Härte schwindet und dein Herz wird weich
und plötzlich siehst du Augen, die dir Liebe geben wolln
Gesichter, die dich anschaun, die dich wie ein Gast nach
Hause holn

und wie von selbst wird alles in dir warm
und ruhig bist du, liegst in deinem Arm
die Mauer ist zerbrochen, die Mauer ist entzwei
und wo sonst nur die Angst war, ist das Kind auf einmal vogelfrei

Es muss aus Liebe sein

erst wolltest du nach Afrika
dann sollte es Venedig sein
dann rief uns deine Schwester an
ihr Chef war gerade auf Hawaii
du wolltest Nizza
ahaha
aus Nizza wurde Wien
dort sahst du dir den Stadtplan an
und ab ging's nach Berlin

schön und gut, ich seh es ein
was in ist das ist in
vielleicht wird es schon morgen London sein
Sidney oder Bangkok
Osaka oder Frankfurt
oder Nummer eins wird wieder Wien

es muss aus Liebe sein

du wolltest Sex ohne Zensur
wir trieben es im Stau
im Abendkleid und auch mal pur
im Schnee und Morgentau
du wolltest alles
ahaha
wir gingen alles an
per Video, durchs Telefon
im Lift und in der Bahn

schön und gut, ich seh es ein
was in ist das ist in
ich erfüll dir deine Träumereien
wir segeln ohne Krücken
und stehen Kopf und nicken
oder machen's überhaupt nicht, das wird geil

es muss aus Liebe sein

schön und gut, ich seh es ein
was in ist das ist in
eine Null kann morgen wichtig sein
lieber heiter blöde
als langweilig und öde
weißt du was, wir ziehen doch nach Wien

Derselbe Mond über Berlin

Ich denke heute Nacht an dich
ich liege wach, seh dein Gesicht
und nebenan schläft eine fremde Welt

ich will zu dir, ich brauche dich
und weiß doch diesmal geht es nicht
ich kann nicht weg, nicht mal für teures Geld

und nebenan hör ich sie Liebe machen
und diese Sprache ist mir sehr vertraut
das Küssen und das Gurren und das Lachen
und plötzlich wird ein Himmel in mir laut

das ist
derselbe Mond
derselbe Mond
das ist
derselbe Mond
wie über Berlin
das ist
derselbe Mond
derselbe Mond
das ist
derselbe Mond
wie über Berlin

Ich denke heute Nacht an dich
ich kreise und verliere mich
in deinem Bild, das mir so gut gefällt

durchs Fenster knallt ein Mond herein
ich liege hier mit mir allein
und träume mir 'ne selbstgemalte Welt

und nebenan da lieben sich zwei Engel
und flattern einmal über'n Horizont
dieselbe Sehnsucht
unterm gleichen Himmel
und über aller Liebe wacht der Mond

Ich bin zu müde, um höflich zu sein

auf Beerdigungen muss ich immer lachen
auf Partys hock ich selbstverloren rum
stellt mir einer Fragen über dies und das
dann bleib ich meistens stumm

ich kann nun mal nicht gut den Dackel machen
mein Charme reicht grade für 'ne Achterbahn
ich schaff es nicht zu Eierköpfen aufzusehn
das strengt mich zu sehr an

ich bin zu müde um höflich zu sein
was soll ich machen, finden das auch andere nicht fein
ich bin zu müde um höflich zu sein

jungen Damen helf ich auch nicht aus dem Mantel
ich bin kein pflegeleichter Kavalier
egal wie hübsch sie sind, die Ladys müssen schon
von selber durch die Tür

ich habe keine Ehrfurcht vor dem Alter
bescheuert kannste auch mit achtzig sein
und schwärmt ein Veteran von der Soldatenzeit
dann fang ich an zu schrein

ich bin müde, viel zu müde
doch ich finde keine Ruh
hier redet jeder über jeden
und die ganz besonders Blöden
faseln auf mich ein
mir falln die Augen zu

Der Preis der Macht

lass mich bitte heute nicht allein
nicht bevor der nächste Tag beginnt
morgen soll ich Sieger sein
und darf nicht der Verlierer sein
doch am liebsten wär ich wieder Kind

morgen reihe ich mich bei den andern Narren ein
rüste mich für eine neue Schlacht

das ist der Preis der Macht

ich habe genug von Konkurrenten
jeder gegen jeden, Schlag auf Schlag
Karteikarten verbrenne ich
und morgen früh verpenne ich
und mache mir mit dir 'nen schönen Tag

Kopf sagt nein, Herz sagt ja
mein Magen spielt verrückt
der Wolf zählt seine Schäfchen für die Nacht

ich will mit dir zusammen sein
komm, wir lieben uns die ganze Nacht
ich laufe mit dir fort und will vergessen sein
ohne Soll und Muss und ohne Macht

um keinen Preis der Welt wollte ich ein Verlierer sein
doch was nutzt der Sieg mir diese Nacht

Eine Schönheit ist sie nicht

sie ist kein Titelblatt
ist auch kein Püppchen
ihr Lächeln macht noch kein Plakat
ihr Name steht an keiner Wand
sie ist gänzlich unbekannt
eine von vielen, die es gibt
eine die lacht, die weint, die liebt
mehr eine Frau, als ein Gedicht
nein
eine Schönheit ist sie nicht

sie ist kein Topmodell
sie tritt nicht auf, sie kommt herein
das übersieht man schnell
sie sagt auch wirklich, was sie denkt
sie tut wahrhaftig, was sie sagt
liegt damit sicher nicht im Trend
sie zeigt die Falten, die sie hat
sie hat ein richtiges Gesicht
nein
eine Schönheit ist sie nicht

sie hat keine toten Augen
und ihr Lachen ist noch echt
und wenn sie geht
geht sie bestimmt ohne zu rechnen
ihr Leben ist kein Bankgeheimnis
kein Soll und Haben, kein Kredit
Liebe ist für sie kein Einsatz
sie nimmt sich einfach, was sie gibt
sie muss nicht glänzen
sie ist Licht
nein
eine Schönheit ist sie nicht

Jedes Kind braucht einen Engel

sie sind der Anfang und das Licht
doch wir sehn es nicht
sie sind das Wort, das niemals bricht
doch wir verstehn es nicht

sie haben Herzen
die begreifen jede Hand, die gibt
und öffnen sich dem
der sich zeigt
und ihnen Liebe gibt

sie sind das Wasser und die Kraft
doch wir beugen sie
die Kraft, die neues Leben schafft
doch wir beschneiden sie

sie haben Augen
die können viele Sonnen sehn
doch wer sie bricht
der wird in ihnen
seinen Schatten sehn

jedes Kind braucht einen Engel
der es schützt und der es hält
der es schützt und der es hält
jedes Kind braucht einen Engel
der es auffängt, wenn es fällt

sie sind der Boden, der uns trägt
doch wir belächeln sie
das Grün, das aus den Zweigen schlägt
doch wir zerbrechen sie

sie sind die Zukunft
doch wir sperren ihre Träume ein
und sehen fassungslos
aus unsern Mauern stammt der erste Stein

Total verrückt

ein ganzes Hundeleben hast du dich nur angepasst
gebuckelt und geackert, meistens ohne Spaß
jaja, das sind die Pflichten eines Esels

sauber, pünktlich, gut erzogen, stets verlässlich, niemals krank
mit dir konnte jeder rechnen, du warst allen eine Bank
jaja, das sind die Pflichten eines Esels

gingst geduldig in der Reihe, immer deutsch, immer bei Fuß
doch jetzt scherst du plötzlich aus und machst mit dem ganzen Schluss

total verrückt

schmierst dir Farbe in die Haare, im Dienst da machst du blau
und nachts hör ich dich lachen oder seh dich mit 'ner Frau

total verrückt

statt Canasta willst du zocken, lässt den Joker nicht mehr aus
wer dir blöde kommt, den schmeißt du einfach raus

total verrückt

du warst immer so geduldig, doch jetzt trittst du aus
und wo einmal dein Lächeln war, da ist jetzt eine Faust

total verrückt

ruhig, sauber, zugeknöpft und angenehm
angepasst und pflegeleicht
buckeln, dienern, beten
dann nach unten treten
mit den andern Eseln in der Reihe gehn

Wie tanzt man Paso doble?

als Kind war ich leider noch zu klein dafür
und als Jugendlicher in der Pubertät
als Ehemann dann später nicht mehr frei dafür
und heute wär ich froh, wenn's noch von selber geht

so blieben mir bis heute nur die Fragen
einmal zu wissen, wie das wirklich geht
wovon schon jeder Blödmann in der Zeitung schreibt
wovon auf jeder Party alle Welt erzählt

ja, wie tanzt man Paso doble?
Cha-Cha-Cha und Englishwaltz
bricht man sich dabei den Hobel
oder macht man's aus 'ner Drehung
locker Kopf über Hals?

ja, wie tanzt man Paso doble?
diese Frage ist bestimmt nicht neu
geht es ganz naturgemäß wie Jodeln
oder macht mans rhythmisch zickig und dann eins zwei drei

und heute komm ich leider nicht mehr frei davon
die Frage quält mich Tag und Nacht, rund um die Uhr
an manchen Tagen werd ich richtig high davon
vielleicht ist es 'ne Laune der Natur

als Einziger es wirklich nicht zu wissen
wie man es macht und wo man üben kann
die meisten die ich fragte, wussten Großes zu erzählen
doch ganz genau will keiner richtig ran

Ich dachte, das wäre das Leben

ich liebte dich total mit Haut und Haaren
ich liebte dich gegen den Rest der Welt
ich liebte dich trotz Kummer und Gefahren
ich liebte, doch ich hatte nicht gewählt

denn meine Welt war dunkel
und du versprachst das Licht
ich malte mir ein Bild von dir
ich liebte dich
ich liebte dich
ich kannte dich ja nicht

ich dachte, das wäre das Leben
ich dachte, das wäre das Glück
ich dachte, das wäre das Leben
ich dachte, das wäre das Glück

wir brauchten uns als Trost für alte Wunden
als Zufluchtsort in einer schlechten Welt
gemeinsam stiegen wir in diesen Brunnen
das war noch besser, als wenn einer fällt

denn deine Welt war dunkel
und ich versprach das Licht
du maltest dir ein Bild von mir
du liebtest mich
du liebtest mich
du kanntest mich ja nicht

Wie ein Stein

bist wieder auf der Straße
bist wieder mitten drin
ein Nichts in grauer Masse
da wolltest du doch hin
wolltest dich nur spüren
und dachtest dort im Dreck
kann man sich noch berühren
alles andre hat kein Zweck

und geisterst wie dein Schatten
bist immer unterwegs,
spuckst auf all die Satten
und kratzt und beißt und schlägst
schreist nach deinen Engeln
die ließen dich allein
allein mit all den Mängeln
fällst du und sinkst ein

wie ein Stein
du fühlst dich wie ein Stein
schmeißt Fenster und trittst Türen
und sogar Mauern ein
wie ein Stein
du fühlst dich wie ein Stein
und dabei wolltest du nur
nur noch Brücke sein

und du beginnst zu hassen
was du nicht lieben kannst
und kannst es nicht verlassen
was du nicht begreifen kannst
und starrst in die Gesichter
Gesichter hart wie Stein
ja, lieber willst du sterben
als so wie die zu sein

und lieber baust du Mauern
und einen großen Zaun
und wirst nie mehr, nie mehr
in fremde Herzen schaun
lieber gehst du unter
unter wie ein Stein
als so noch mal zu lieben
als so wie die zu sein

Diese Stadt

da ist der Park, da stehn die alten Bäume noch
und in den Büschen hängen alte Träume noch
da auf der Bank hatte ich meine ersten Fantasien
von heißen Küssen, ich spür den Kies noch an den Knien
die Sehnsucht blieb. Ich hab's wohl nie verziehn

da, wo das Kino stand, ist jetzt ein Supermarkt
die Kindheit fort, die bunten Autos eingeparkt
Gesichter, satt und schweigsam, Tür an Tür
alles so glatt zurechtgemacht, so sauber hier
doch warum, ja, verdammt noch mal, lächelt keiner hier?

diese Stadt
hab ich so oft verflucht
gehasst, gemieden, heimgesucht
sie ließ mich kalt
hielt mich immer wieder warm
riss alte Wunden auf und nahm mich voll in ihren Arm
diese Stadt
diese Stadt
diese Stadt

da hockt ja noch die Frau dort an dem Fensterbord
und doch, Gespenster sind schon lange fort
die Mauern nicht mehr so unüberwindbar hoch
was such ich hier, was will ich hier, was hält mich immer noch
sag mir noch einmal, es ist schön
dich heute wieder hier zu sehen

diese Stadt
diese Stadt
diese Stadt
ist
meine Stadt

Du bist da

du bist da
du bist da
wo warst du nur das ganze Jahr
komm nur rein
steh nicht rum
die Katze hat ja schon ganz nasses Haar

du bist da
du bist da
ich fass es nicht
wie wunderbar
ganz egal, ob du bleibst
wichtig ist nur
du bist da

du bist da
und alles ist vergeben und vergessen
du bist da
Freunde reißt die Fenster auf
ich schrei es hinaus
sie ist zu mir zurückgekommen
du bist da
du bist wieder
bist wieder da

du bist da
du bist da
vergessen ist, was gestern war
ganz egal, was du sagst
keine lügt so wunderbar
du bist da
und ich weiß
morgen werde ich zum Narr
wenn du gehst und ich bleib
und warte wieder auf das nächste Jahr

Stein auf Stein

ich geh auf den vereinten Straßen
es riecht nach Dummheit und Gefahr
wächst da zusammen, nicht zu fassen
was niemals auseinander war

ich hör ein Stück deutscher Geschichte
aus jedem schmalen, bittren Mund
die Ohnmacht glänzt im neuen Licht
der harte Ton, vom Schlüsselbund

sie werden dich zur Stadt rausjagen
wenn du auf ihren Rasen trittst
und wie in längst vergessnen Tagen
versteinert, was lebendig ist

Stein auf Stein
Stein auf Stein
Stein auf Stein
Stein auf Stein

sie sind gefährlich, die da wieder
nach Ruhe und nach Ordnung schrein
ein Leben lang duckten sie nieder
was war, es soll vergessen sein

bloß nicht erinnern, was verloren
es fängt alles mit Tränen an
wird erst Gewalt aus Angst geboren
dann tötet König Untertan

sie werden neue Zäune bauen
aus Angst und aus Gleichgültigkeit
vielleicht ganz unsichtbare Mauern
mit Steinen der Vergangenheit

Sie schweigen nicht mehr

es geschehen blaue Wunder
Verstummte schreien auf
was jahrelang verdrängt war
ein Leben lang gelenkt war
findet einen Weg
und nimmt seinen Lauf
nein, sie schweigen nicht mehr

gelernt sich zu verbergen
und keine Macht zu störn
gelernt in grauer Norm
vor jeder Uniform
wie die Vater auf den Knien
sich selbst zu überhörn
nein, sie schweigen nicht mehr

sie geben ihrem Leben eine Stimme
und zwar laut
vielleicht noch stotternd
oder lächerlich
es steht in ihren Augen
und es brennt unter der Haut
wir brauchen keine Ismen
Dogmen und Beschissmen
da muss Leben her
sie schweigen nicht mehr

es geschehen keine Wunder
die Wahrheit kommt auf Trab
Seelen wollen singen
nicht ungelebt verklingen
und wer das noch nicht wagt
stimmt mit den Füßen ab
nein, sie schweigen nicht mehr

und sie geben ihrem Leben eine Stimme
und zwar laut
vielleicht noch stotternd
oder lächerlich
es steht in ihren Augen
und es brennt unter der Haut
das Recht der Unterdrückten
der jahrelang Gebückten
da muss Leben her
sie schweigen nicht mehr

Wer steht für den anderen auf

jeder will ein Stück vom Kuchen
ein dickes Stück vom großen Glück
jeder will mal bis zum Horizont
wer bleibt schon gern zurück

jeder will die erste Reihe
jeder will den letzten Tanz
das Leben ist 'ne Tombola
nur wer siegt hat eine Chance

und auf dem Weg nach oben
da langt man schon mal hin
da begegnen dir die anderen
die längst gefallen sind

wer steht für den anderen auf

keiner will verlieren
Gewinner stehen vorn
lieber reich und himmelwärts
als in der Hölle schmorn

das Paradies ist teuer
das Paradies hat seinen Preis
wer da nicht was riskiert
wird übersehn, wie jeder weiß

und die anderen, ohne Namen
die auf dem Seil dort, ohne Netz
für die bleiben die Türen zu
die besten Plätze sind besetzt

die Armut schneidet Fratzen
sie trägt kein schönes Kleid
wer hat noch Mut da weich zu sein
in dieser Eisenzeit

Heut Nacht

heut Nacht lasse ich nichts aus
heut Nacht schmeiß ich alle Angst zum
    Fenster raus
heut Nacht werd ich nichts bedenken
heut Nacht werd ich mich verschenken
heut Nacht finde ich nach Haus

heut Nacht setze ich auf Rot
heut Nacht weiß ich ganz genau wohin die
    Kugel rollt
heut Nacht werd ich nichts vergessen
nichts verplanen, nichts bemessen
heut Nacht ist mein Traum nicht nur ein Wort

heut Nacht ist meine Nacht
ist deine Nacht, wir kommen zusammen
heut Nacht werden meine Träume wahr
heut Nacht ist meine Nacht
ist deine Nacht, wir finden zusammen
und du wirst mein Amerika

heut Nacht bleib ich nicht allein
heut Nacht reiß ich meine letzten Mauern ein
heut Nacht kann mich nichts mehr warnen
heut Nacht werd ich mich nicht tarnen
heut Nacht wird ein Bettler König sein

Bleib bei mir

bleib bei mir
wir fangen noch mal ganz von vorne an
bleib bei mir
und geh mit mir ans Licht
bleib bei mir
ich war kein Prinz, ich war ein Bettelmann
bleib bei mir
verzeih, ich täuschte dich

da war vor Jahren
eine Königin
die hielt sich einen Narren
der ihr Lieder sang
lebenslang
für ihre Tränen Feuer fing

bleib bei mir
du wirst nicht mehr die Zweite sein
bleib bei mir
was war ich für ein Kind
bleib bei mir
wir müssen nicht mehr gute Lügner sein
bleib bei mir
wir können werden, was wir sind

der Narr blieb treu
für seine Königin
doch seine Liebe nahm ihm alles Licht
er sah es nicht
jede Frau trug ihr Gesicht

bleib bei mir
doch wenn du gehen musst, tu was du willst
bleib bei mir
die Zeit heilt jeden Riss
und wenn mein Herz
mit seinen Schularbeiten fertig ist
dann weiß ich erst
wie sehr ich dich vermiss

Die Leute sagen

ich habe dir ein Haus gebaut
aus Fantasie und Rosenkraut
ich hab es wie im Schlaf gemacht
du hast darüber nur gelacht

die Leute sagen, denke nach
spinn nicht herum und bleibe wach
Träume nützen keinem was
erst kommt das Brot, dann kommt der Spaß

mein Nachbar meint, ich sei zu weich
ein kleiner Fisch im Karpfenteich
ein Mann muss wissen was er will
das Leben ist kein Kinderspiel

ich lauf herum und suche dich
in jedem Licht vermut ich dich
doch meine Freunde warnen mich
wahre Liebe gibt es nicht

die Leute sagen
es gibt keine Liebe mehr

ich sah dich gestern im Café
ein fremder Mann in deiner Näh
er strich dir übers teure Haar
als wärest du sein Jaguar

die Leute sagen, es ist wahr
der Mensch ist nur zum Fressen da
der Rest ist Müh, der Rest ist Pflicht
wahre Liebe gibt es nicht

küss mich, lieb mich, nimm mich, ich vergess dich nicht
bleib bei mir, ich brauche dich, denn ohne Liebe geht es nicht

Tu es

du willst ein Pony reiten
aber Mama sagt immer nur nein
oder mit 'nem Segelboot
bis nach New York
doch Großmama, die jammert
und Papa, ach der klammert
und alle sagen nein

einmal auf 'ner Bühne stehn und singen
mit 'nem eignen Lied, oder wie von selbst
in 'ner Rock'n' Roll Band
mit 'nem lauten Instrument
doch dein Musiklehrer Henze
der belächelt deine Tänze
und meint, du hast kein Talent

tu es
tu es
tu es, worauf wartest du
tu es
tu es
oder bleib in deiner Ecke und schau weiter zu

du stolperst über deine große Liebe
mit dem du lachen kannst, dafür hat er kein Geld
endlich einer, der dir schwört
du bist wirklich liebenswert
doch er ist vom Stamm der Mayas
und die handeln mit Papayas
und wer weiß, wohin das führt

da ist immer einer, der dich hindert
der das Beste von dir will, und der dich hält
irgend so ein Ass
mit 'nem Riesenmittelmaß
und spätestens die Angst
verhindert jede Chance
das zu tun, was dir gefällt

Um zu werden was du bist

wie oft wirst du noch kämpfen
wie oft lamentiern
dich aufbauen, behaupten müssen
siegen und verliern
wie oft Theater spielen
dabei keine Rolle scheun
um alles, alles auf der Welt
bloß nicht du selbst zu sein

wie oft wirst du am nächsten Tag
nach einer kleinen Schlacht
den Legionär erblicken
der da aus dem Spiegel lacht
den Mann, den du am meisten fürchtest
den du verneinst
wie oft wirst du noch einsehn
der im Spiegel ist dein Feind

um zu werden
was du bist

wie viele Bücher musst du lesen
wie viele Kirchen baun
wie oft noch Klugscheißern und Dieben
wie oft Lügen traun
wie vielen Fahnen folgen
irgendeiner starken Hand
wie viele Siege siegen
irgendeines Vaters Land

um plötzlich zu erwachen
zufällig, wie von selbst
aufgeschreckt von einer Stimme
in dir, die dir nicht gefällt
denn sie zeigt dir eine Grenze
vielleicht einen kleinen Traum
in dem kannst du lesen
du bist dir selber abgehaun

wie viele Kämpfe werden nötig sein, mein
   Freund
wie viel Sand und Hass lässt du dir in die
   Augen streun
wie viel' Träume werden platzen
wie viel' Freunde müssen gehn
wie oft wirst du noch Enttäuschungen
und Dunkelheit verstehn

wer lehrte dich zu schweigen
wo alles in dir schrie
wer kaute dir die Worte vor
wer setzte dir das Ziel
wer lehrte dich zu schlafen
obwohl du alles sahst
wer brachte dir bei, zu begaffen
lieben was du hasst

wo ist das Kind geblieben
das Kind mit seinem Traum
vom eignen unverwechselbaren
bunten Apfelbaum
das Kind, das unverdorben
und trotzig in dir schrie
ENTWEDER WERDE ICH VON SELBST
ODER ICH WERDE NIE
entweder werd ich fallen
über Stock und Stein
doch lieber auf dem eignen Weg
als eine Zahl zu sein
eine Nummer, die man aufruft
eine Nummer, die man lenkt
nur Gott hat zu entscheiden
wer mir das Leben schenkt

Flügel (Wunderbarer Morgen)

gestern war dieser Vogel da
setzte sich an mein Fenster
sah mich an, als ich ihn ansah
und vertrieb mir Gespenster
er sang
oh, wunderbarer Morgen

die Welt ist nicht schlecht
Unrecht oder Recht
lerne zu sehen
du musst
hinter die Fassaden gehn
dann wirst du blaue Wunder sehn

und der Vogel nahm meine Hand
Hände wurden zu Flügeln
flog mit mir durch die Schattenwand
plötzlich konnte ich lieben
er sang
oh, wunderbarer Morgen

Feuervogel flieg
du brauchst keinen Sieg
lass es nur wachsen
und werden
und liebe was du bist
bis dich ein neues Wunder küsst

oh, wunderbarer Morgen
oh, wunderbarer Morgen

Es sind keine Götter

jeden Morgen, jeden Tag
erzähln sie dir den gleichen Quark
aus der Zeitung, dem Radio
per Satellit und Television
wie willst du dich da selber finden
wie kennst du dich noch aus
jeder Schwachkopf trägt dir seine Meinung ins Haus

es sind keine Götter
nur Menschen mit Macht

schon in der Schule
später beim Bund
fahren sie dir über den Mund
mit ihrem Weltbild, ihrer Moral
mit Religionen und Parteien
und du hast die freie Wahl
noch eh du dich entschieden hast
entscheiden sie für dich
sie kennen ja den Weg, doch du weißt ihn leider nicht

es sind keine Götter
nur Menschen mit Macht
nein, nein, nein
es sind keine Götter
nur Menschen mit Macht
nein, nein, nein
es sind keine Götter
nur Menschen mit Macht
wir haben sie gewählt
jetzt haben wir den Salat

im Namen aller oder dem Geld
sie bringen Ordnung in deine Welt
sie wissen alles, auch was dir fehlt
und was du sowieso vermisst
und wie es nur noch weitergeht
Tag und Nacht haun sie dir ihre Phrasen ins Gehirn
da musst du doch verblöden oder den Verstand verliern

Sonne, die ich meine

du bist für mich das Glück
das ungebrochne Glück
der Schlitten meiner Kindheit
und des Puzzles letztes Stück
die Antwort aller Fragen
auf mein Vor und mein Zurück
du bist der Schlüssel zu meinem Glück

Mutters gerader Gang
Vaters weiche Hand
die Brücke zu mir selbst
das Licht, das ich im Dunkeln fand
die Stimme meines Herzens
und die Tür in jeder Wand
du bist der Schlüssel zu meinem Glück

Sonne, die ich meine
schein, schein
scheine mitten in mein Herz

du bist der Neubeginn
der Inhalt und der Sinn
du bist die Kraft der Liebe
ihr Verlust und ihr Gewinn
die Hoffnung und der Atem
der durch alles Leben rinnt
du bist der Schlüssel zu meinem Glück

Genug

genug verloren
genug versäumt
trotz aller Kohle
vom Feuer geträumt

immer bescheiden
immer hintendran
orientiert am großen Chef
und am Vordermann

ich leb nur dieses eine Mal
füg ich oder lieb ich mich
gibt es eine Wahl?
Politiker, Vereine
reden auf mich ein
aus alten Schläuchen preisen sie
denselben sauren Wein

genug ist längst genug
da hilft kein Reden
und da hilft kein Selbstbetrug
genug ist längst genug
ich entscheide mich für mich
genug ist längst genug

genug geplant
genug geschwatzt
erst mal gestorben
gibt es keinen Zahnersatz

nur dieses Leben
das eben erst begann
nicht das von gestern
nicht das von irgendwann

da muss was Neues, Wahres her
die Regale sind voll
die Herzen sind leer
tote Religionen
verlogene Parteien
soll das denn wirklich alles
und nichts gewesen sein

Zeit zu leben

ein Haus und Sicherheit
ein Ring in Ewigkeit
ein Mensch, der immer bleibt
Vernunft für alle Zeit
wovor haben wir nur so viel Angst

ein Lächeln, das nicht stimmt
ein Blick, der nichts beginnt
die Hand, die nur noch nimmt
und Zeit, die schnell verrinnt
wovor haben wir nur so viel Angst

und der Wind fegt all die Blätter fort
und der Tod ist mehr als nur ein Wort

denn nichts bleibt, nichts bleibt, nichts bleibt
kein Ring, kein Gold, kein Leid
nichts bleibt, nichts bleibt, nichts bleibt
es wird Zeit zu leben
endlich Zeit
Zeit zu leben

mein Pass sagt mir, ich bin
das Konto sagt, ich hab
die Fotos und das Kind
zeigen, ich war immer da
alles, was ich habe, gehört mir

nichts als Schmerz, sagt die Angst
nichts als Angst, sagt der Schmerz
halt es fest, sagt der Kopf
lass es los, sagt das Herz
und die Liebe sagt leis … jetzt und hier

Wegen dir

wegen dir hab ich mich aus dem Ei gepellt
wegen dir mich in ein Bühnenlicht gestellt
wegen dir zitter ich jeden Abend hier
bin so nervös, so unerlöst
und hoffe nur, du wärest hier

wegen dir habe ich Noten gelernt
wegen dir mich für Idioten erwärmt
wegen dir achte ich auf Gewicht und Bauch
übe Spagat, esse Spinat
und hoffe nur, du siehst mich auch

wegen dir verbrenn ich mich auf diesen Bret-
    tern
wegen dir stell ich die Liebe aufs Podest
wegen dir will ich die halbe Menschheit
    retten
wegen dir bin ich so hilflos und verletzt

wegen dir spiele ich gnadenlos Theater
bin pathetisch und manchmal auch leicht
    verrückt
spring jeden Abend in den allertiefsten
    Krater
lege Feuer, bin vom Herzeleid entzückt

wegen dir nehme ich Kränkungen in Kauf
wegen dir wach ich nachts schweißgebadet
    auf
wegen dir geh ich mit mir hart ins Gericht
bin hinterm Vorhang, such den Ausgang
lieber Gott, verlass mich nicht

wegen dir habe ich mich so oft verlorn
wegen dir mich immer wieder neu geborn
wegen dir mal ich mir dieses Clownsgesicht
kommt der Applaus, bin ich zu Haus
dann sterbe ich und fürchte nichts

wegen dir wär ich Politiker geworden
vielleicht auch Priester oder Dirigent
in jedem Fall hätte ich mich bei dir beworben
und bei Ablehnung ins Leichentuch geflennt

wegen dir fall ich in allertiefste Tiefen
wegen dir plan ich den supergrößten Coup
doch von allen guten Geistern, die mich
    riefen
ich glaube fast, der größte Schreihals, der
    warst du

wegen dir leb ich mein Leben auf der Bühne
über dich führte der Weg nach Haus zu mir
mach ich Verrenkungen
bekomme Schenkungen
geh in Versenkungen
wegen dir
singe ich hier

Wir leben noch

weiß nicht, warum heut Nacht der Regen
überall auf meinen Wegen
die Straße und die Dunkelheit erhellt
weiß nicht, warum hinter den Gardinen
die mir sonst verschlossen schienen
ein unbekanntes Lächeln so gefällt

warum grad der, so nah und fremd
der mich doch selbst nicht kennt
begrüßt, mit offnen Händen
als könnte man uns Brüder nennen

solange sich der Wind noch dreht
solang er über Grenzen geht
wir leben noch
ist das nicht wunderbar
wir leben noch
dieses Jahr
nächstes Jahr
noch

wir sehn die Kinder unsrer Kriege
sehn das Lachen ihrer Sieger
sehn den Feuerstoß, den Tod im Augenblick
im Fernsehn ist es zu ertragen
es bleiben ein paar offene Fragen
der Puls geht schneller
wir werden nicht verrückt

trotz Not und Leid
trotz Bitterkeit
trotz Ergebenheit
obwohl wir selten Flagge zeigen
plötzlich ein Schrei
als war da nie ein Schweigen

In meinem Kiez

in meinem Kiez, da gibt es eine alte Straße
die kommt von gestern und die geht nach
    irgendwo
und alles, was die meisten Leute dort
    besaßen
reichte für'n Einrichtungskredit und Innenklo

in meinem Kiez gab es den Händler an der
    Ecke
da konnt man abends unsre Väter stehen
    sehn
da roch's nach Zigaretten
nach Maggi und Buletten
die Vergangenheit ertränkten sie im Stehn

in meinem Kiez gab es ein Wunder namens
    Amor
ein kleines Kino, groß wie'n oller Pappkarton
da traf sich Hinz und Kunz auf plastikreichem
    Marmor
für ein paar Stunden rannten wir auf und
    davon

die Herrn in grau, die Damen trugen Kölnisch
    Wasser
zu den Filmen von de Sica und Ben Hur
wir saßen und vergaßen
die sehnsuchtsvolle Straße
im Dschungel Indiens, im Licht von Eschnapur

in meinem Kiez feierten wir Weihnachten
    und Ostern
und jedes Fest war auch ein Glückwunsch
    an die Welt
wir machten blau und ganz enorme Kosten
und keiner von uns dachte mehr ans liebe
    Geld

und während meine Leute ihre Lieder
    sangen
ging ich nach unten, stellte mich hinter die
    Tür
und ich starrte auf die Straße
ich hoffte nie zu hassen
und ich betete mir einen großen Schwur
für uns hol ich die Sonne runter
ich schieß uns einen großen Stern
ich schaff's, ich zauber uns ein Wunder
diese Stadt wird von mir hörn

dann pflanzen wir mit Grün die Straße
und kleckern Farben froh an jedes Haus
du wirst sehn, in ein paar Jahren
schon bald, in ein paar Tagen
irgendwann mal komm ich ganz groß raus

Zwei wie wir

was sind wir für ein Liebespaar
so einmalig, so sonderbar
wir beide

zwei Züge, gleicher Schienenstrang
wie oft wurde uns davor bang
wir beide

schon dutzend Male »nie« gesagt
dann immer wieder ausgepackt
der Koffer blieb als Mahnung vor der Tür

mein Lieb, mein Leid
das Hochzeitskleid
brauchten wir nie

zwei wie wir
zwei wie wir
die haben für ihr Glück bezahlt
zwei wie wir
die werden miteinander alt

wir sagten nie »ein Leben lang«
wir sagten nur »bis irgendwann«
wir beide

wir schworen es wird anders sein
anders als bei den Eltern sein
doch küsst du mich
dann zitter ich noch mehr

mein Lieb, mein Leid
das Hochzeitskleid
steht dir wirklich sehr

Paare sind unschlagbar
sie kommen immer nur zu zweit
so fürchterlich unnahbar
hüte dich vor Paaren
denn schon nach ein paar Jahren
wird daraus ein Carepaket
aus zwei mal eins wird immer eins

Komm wir reiten den Wind

komm wir reiten den Wind
das ist unsre Nacht
wir werden was wir sind
was kümmern uns die anderen

reite den Wind
halt dich an mir fest
wir werden wie als Kind
mit allen Meeren wandern

nicht der freie Fall
nicht die Flügel
nicht die Liebe
nicht dein Kuss
nicht der Flug
der Tanz im vollen Mond
nicht dein Lachen
nicht die wundersüßen Spiele
nein, das Halten ist der Tod

nicht der freie Fall
nicht die Wasser
nicht die Tiefen
nicht dein Schrei
nicht der Sprung
ins klare Morgenrot
nicht dein Lachen
unsere verbotenen Spiele
nein, das Halten ist der Tod

komm wir reiten den Wind
das ist unsre Nacht
barfuß wie wir sind
was kümmern uns die anderen

War's das?

was ist los
wer hat die Achterbahn bestellt
was ist das für ein Tempo
es geht alles viel zu schnell
die Showmeister im Nachtprogramm
künden die Erlösung an
ich warte, doch das große Lachen fehlt

was ist los
ich machte immer meinen Job
ich hatte meine Träume und ich schlug sie
    mir auch aus den Kopf
woher jetzt bloß die Ungeduld
die Scham, die Wut, woher die Schuld
war mein Leben bisher nur ein Flopp?

war's das?
soll das
alles gewesen sein
das bisschen Glück im Urlaub
die Erinnerung im Wein
die Zeit ging viel zu schnell vorbei, vorbei
soll das alles gewesen sein?

heimlich geliebt
so viel Näheres vertan
es blieb ja wenig Zeit
wir schafften unentwegt nur an
du musst mich an der Theke sehn
mich mit den anderen Männern sehn
wenn wir singen MORGEN FÄNGT DAS LEBEN AN

sag mir, dass wir uns noch lieben
sag mir, dass es geht
lass uns noch mal ausprobieren
was kein Mensch versteht
das kann doch noch nicht alles sein
die Schrankwand und der Nierenstein
halt die Zeit an, damit es weitergeht

Mona

sie ist klug und reizend und dazu noch wun-
derschön
ich liebe diese Frau, sie hat den Prinz in mir
gesehn
doch Hannover macht sie fertig, es fehlt ihr
dort an Esprit
sie sagt, wenn sie so weiter dämmert, findet
sie sich nie

darum geht sie jetzt zum Bauchtanz bei 'ner
Frau aus Heidelberg
zur Schütteltherapie bei einem Meister
namens Gerd
sie nennt mich nur noch Baba und wir lesen
im Koran
und sonntags schreien sich bei uns wild-
fremde Menschen an

Mona
schmeiß die Leute raus
Mona
komm endlich nach Haus
Mona
dein Meister ist sehr nett
doch Mona
was will er hier im Bett

seit dem letzten Fasten weilt ihr Meister
unter uns
ein Zwerg und Kettenraucher, doch sie klebt
in seinem Dunst
mich übersieht er oder sagt »Gott schütze
dich mein Sohn«
wahrscheinlich werd ich's nötig haben, zieht
er nicht bald um

doch Mona ist verrückt nach ihm und gibt es
ein Problem
wozu noch mit mir reden, nein, sie klärt es
gleich mit ihm
sie nennt uns beide Baba und ich glaub, ich
bin ihr Mann
denn samstags schauen wir zu dritt das
Wort zum Sonntag an

meine Nerven sind hinüber und die Zunge ist
belegt
doch die beiden sind begeistert, sie lächeln
unentwegt
jetzt wollen sie 'ne Kirche gründen, Chef
wird Meister Gerd
er sprach schon von 'nem Feuertanz im
Mikrowellenherd

Kinder erkennen sich am Gang

was waren deine größten Schätze
als du ein Kind warst, weißt du noch
war es ein Bär aus bunten Fetzen
der mit dir unter Tage kroch
war es die Kiste mit dem Kompass
dein erstes Kinderbuch
vom schnellen Fuß, vom Pfeilmädchen
der Plan zur großen Flucht
was war dein größter Schatz
sag nichts, ich seh's dir an
Kinder erkennen sich am Gang

was waren die geheimsten Plätze
als du ein Kind warst, weißt du noch
war es ein Loch im Wald, verdeckt von Ästen
die Höhle unterm Tannenbruch
war es ein Boden, war's die Kammer
ein leckes Boot am Fluss
wo nur für dich, trotz Katzenjammers
ein Stern vom Himmel schoss
wo war damals dein Platz
sag nichts, ich seh's dir an
Kinder erkennen sich am Gang

die einen suchen
die andern sehn
die einen bleiben
die andern gehn
doch alte Wünsche, ich seh's dir an
gehn nicht verloren, die bleiben lang
Kinder erkennen sich am Gang

was waren deine kühnsten Träume
damals als Kind, sind sie noch da
war es ein Haus, mit alten Bäumen
ein Garten in Amerika
war es der Sieg über den Drachen
der Traum vom freien Flug
bist du jetzt Feuer ohne Schlacke
sind Wünsche nicht genug
was war dein größter Traum
ich weiß, ich seh's dir an
Kinder erkennen sich am Gang

Da ist ein Strom

mit den Füßen im Fluss
bei Tagesanbruch
mit einem großen Mut im Herzen
mit der allerersten Flut
wirst du sehen, was für dich sonst nicht
   sichtbar war
im Licht, das tief in dir verborgen war
sagte der Vater zum Sohn
da ist ein Strom

und die, die mit dir gehen
die Gesichter, die du triffst
es ist nicht einfach einzusehen
was an denen wahrhaft ist
der eine gibt sich ehrlich, ein andrer kolossal
für manchen ist der Weg nur ein Jammertal
wie wir doch ähnlich sind
da ist ein Strom

der wird niemals enden
den grenzt man vielleicht ein
gelenkt von tausend Händen
kann er auch Rinnsal sein
doch staut man ihn, reißt er die Dämme ein
der lässt sich niemals halten
und nur auf Zeit verwalten

mit den Füßen im Fluss
bei Tagesanbruch
wirst du mit denen gehen
für allesamt die gleiche Flut
doch es gibt einige, die wollen gleicher sein
hüte dich vor denen, die mauern Leben ein
schau ihnen in die Augen, Sohn
da ist ein Strom

der wird niemals enden
den grenzt man vielleicht ein
gelenkt von tausend Händen
kann er gewaltig sein
doch staut man ihn, reißt er ganze ERUPT Lände-
   reien
der lässt sich niemals halten
und nur auf Zeit verwalten

mit den Füßen im Fluss
bei Tagesanbruch
mit einem großen Mut im Herzen
mit der allerersten Flut
siehst du, was für dich sonst nicht sichtbar
   war
im Licht, das tief in dir verborgen war
sagte der Vater zum Sohn
da ist ein Strom

Ich hab's gewusst

Lied der Dummheit

jaja, die Zeit ist aus den Fugen
Tag für Tag die gleiche Schlacht
die fette Welt hat uns betrogen
wir haben doch nur mitgemacht

der Mensch wird einfach nicht gesünder
man sollte sich wirklich beschwern
wir sind doch Gottes liebe Kinder
wir haben uns so schrecklich gern

ich hab's gewusst
gewusst
von Anfang an gewusst
doch ich hab nichts gesagt
mich hat keiner gefragt
was hab ich zum Himmel geklagt

ich hab's gewusst
gewusst
von Anfang an gewusst
es ist wie bei Hyänen
wir sind nicht zu zähmen
da kann man nichts machen
da hilft
nur tanzen

die Ärmsten schlafen auf den Straßen
es kann nicht jeder glücklich sein
lehrt uns die Armut erst mal hassen
dann schlag ich dir den Schädel ein

kommt, Brüder, lasst uns diesen Mist schnell
    vergessen
rennen wir noch mal ums goldne Kalb
wir leben doch nur um zu fressen
der Mensch ist klug, er wird nicht alt

ich hab's gewusst
gewusst
von Anfang an gewusst
doch ich hab nichts gesagt
mich hat keiner gefragt
was hab ich zum Himmel geklagt

ich hab's gewusst
gewusst
von Anfang an gewusst

es ist wie bei Hyänen
wir sind nicht zu zähmen
wir fressen und wir vergessen

Hey Junge

Licht fällt auf die Kirchenwand
kein Zeichen ist zu sehn
das Land ist still
hier schläft man schon seit Jahren
nur ein paar schräge Vögel sind noch wach
so vaterlos in ihrer Nacht
sie lecken ihre Wunden zu Gitarren

hey, Junge
sing noch mal das Lied für mich
das mit dem Meer
das mit dem Wind
das Lied, das jeder kennt

hey, Junge
spiel noch mal das Lied für mich
das mit der Kirche
und dem Licht
das mit dem Happy End

Licht fällt auf die Kirchenwand
kein Zeichen ist zu sehn
im Land des Lächelns
kann man nicht mehr schlafen
Kinder singen ihren Traum
vom Werdegang zum Lebensbaum
und es wird langsam hell in höheren Etagen

auf deinen Schwingen
trag mich durch die Welt
um mein eignes Lied zu singen
so wie es mir gefällt

Als wenn es gar nichts wär

für einen Traum könnte ich fliegen
und für ein Lied zugrunde gehn
ich lasse jeden Zauberer in meinen Garten
wär ich ein großer Mann der Macht
ich würde nach den Bettlern sehn
von dem ärmsten Narren ließ ich mich
    beraten
schon als Kind liebte ich barfuß
mit ohnmächtigem Mut
ich hatte nichts und wollte alles geben
die Angst war klein, der Hunger groß
ich warf mich lachend in die Flut
als wenn es gar nichts wär
als wenn es gar nichts wär

ich konnte lieben ohne Grund
ich konnte staunen ohne Sinn
meine Welt passte auf eine Kinoleinwand
die Götter hießen Jones
Stan und Olli, Errol Flynn
sie schenkten mir ein Lebensbuch mit
    buntem Einband
ich war wie sie, ich war unsterblich
ich war ein Kind, ich hatte Glück
es war ein Spiel, was sollte ich verlieren
ich gab mich hin, so lichterloh
und brannte jeden Augenblick
als wenn es gar nichts wär
als wenn es gar nichts wär

doch mit den Jahren kam die Klugheit
mit der Zeit kam die Vernunft
und Tag um Tag verblassten meine Bilder
weil doch nichts blieb als Einsamkeit
nahm ich mein letztes Kunterbunt
ging auf den Markt der Schwerter und der Schilder
da sprachen Narren wie Gelehrte
Idioten wie Genies
von Wahrheit und von kolossalen Pflichten
und um nicht ganz allein zu sein
bot ich mein Kinderparadies
als wenn es gar nichts wär
als wenn es gar nichts wär

jetzt sah ich aus wie jedermann
das Leben nahm mich in die Pflicht
wohl kalkuliert, die Welt war für mich klaro
die Lippen schmal, die Augen matt
ich wurde ernst und ordentlich
und trug man Karo, na, dann trug ich eben
    Karo
bis nichts mehr ging, weil's alles gab
ich weiß den Tag noch ganz genau
da sah ich mich in einem aufgebrochnen
    Spiegel
ich hatt mein Glitzerzeug getauscht
gegen ein sicheres Grau in Grau
als wenn es gar nichts wär
als wenn es gar nichts wär

lass meiner Seele Schwere los
mein Herz, mach deine Fenster auf
Derwisch und Magier, kommt in meinen
    Garten
ich lass das Kind nicht mehr allein
nach all dem Sommerschlussverkauf
ich schlaf bei den Verrückten und den Zarten
ich will lieben wie als Kind
barfuß und mit großem Mut
jeden Tag als wär's der letzte von den Tagen
dann immer wieder, glaub mir, mit dir
spring ich lachend in die Flut
als wenn es gar nichts wär
als wenn es gar nichts wär
als wenn es gar nichts wär

Von Tag zu Tag

ich sitze vor 'nem Kaffee hier bei Franco
und ich versuch's, ich schreib dir einen Brief
doch mir fallen nicht die Worte ein
es liegt sicher nicht am Wein
es sind die Geister, die ich rief

so viele Worte, die wir sagen
so viele Dinge, die wir tun
und die sollen alle richtig sein
und ganz bestimmt auch wichtig sein
was hat das mit uns zu tun

von Tag zu Tag
von Tag zu Tag
läuft unsre Uhr ein wenig ab
und ich schaue, wie die Wolken ziehn
ich seh, wie sich die Räder drehn
so viel bleibt noch ungesagt
von Tag zu Tag

der alte Mann dort in der Ecke
wie viel Zeit hat er vertan
und er schaut sich meine Augen an
und er fängt mit der Geschichte an
und er sagt: »Sohn, erst Liebe macht den
    Mann«

von Tag zu Tag
von Tag zu Tag
läuft unsre Uhr ein wenig ab
schau nur, wie schnell die Leute gehn
sieh doch, wie sich die Räder drehn
warum hab ich es ihr nie gesagt

von Tag zu Tag
von Tag zu Tag
warum hab ich es ihr nie gesagt
und jetzt fällt es mir wieder ein
ich schreib es in den Brief hinein
ich weiß nur, dass ich dich mag
von Tag zu Tag

so wie du bist, so lieb ich dich
du bist für mich so wesentlich
und das soll der Anfang sein
einer Geschichte sein
nur drei Worte
du und ich

von Tag zu Tag
von Tag zu Tag
warum hab ich es dir nicht gesagt
sag nicht für immer
sag nicht für immer

Bin ein Fremder

ich geh den weiten Weg
durch die wüste Einsamkeit
seh überall dasselbe
Tränen, Hass und Leid
meine Augen sind müde
mein Herz ist schwer
mein Pass hat eine Nummer
doch der Name zählt nicht mehr

ich schlafe bei den Tieren
ich treibe mit dem Wind
werd von jedermann gemieden
bin doch aller Menschen Kind
bin ein Fremder
lass mich in deine Tür
nimm mich auf für eine Nacht
und wärme mich an dir

bin der Andalusier
der Armenier
bin ein Wanderer
und nicht für immer da

ich komm von irgendwo
ich geh nach nirgendwo
bin ein Fremder

bin der Somalier
Vater stammt von Golgatha
Mutter aus Malaysia
sie kamen über Afrika

bin der Andalusier
der Armenier
bin ein Fremder

ich bin der, den du vermeidest
ich bin der, den du verschweigst
bin der Hass in deinem Herzen
bin das Misstrauen, das du zeigst
du kannst mich auf den Straßen
der großen Städte sehn
ausgezählt und heimatlos
die in der Schlange stehn

ich trage fremde Kleider
ich esse fremdes Brot
doch so fremd ich dir auch bin
such ich auch deinen Gott
es gibt wenig Unterschiede
zwischen dir und mir
wir sind Reisende auf Zeit
und nicht für immer hier

ich sprech nicht deine Sprache
ist das das ganze Leid
wir gehören doch zusammen
wir sind Reisende auf Zeit

Wohin gehst du?

hey, Junge mit den Plastiktaschen
zeig mir dein Gesicht
die Stadt erwacht und du gehst schlafen
siehst du nicht das Licht
wo wirst du heute Nacht zu Hause sein
wohin gehst du
wohin gehst du
sag mir, wohin du gehst
wohin gehst du
wohin gehst du
zeig mir deinen Weg

hey, Mädchen mit den Feuerhaaren
gibt es den, der dich vermisst
einer da, der auf dich wartet
jemand, der dich grüßt
wo wirst du heute Nacht zu Hause sein
wohin gehst du
wohin gehst du
sag mir, wohin du gehst
wohin gehst du
wohin gehst du
zeig mir deinen Weg

ich hab heut Nacht geträumt
die letzten werden siegen
und ich war nicht allein
Sterne fielen auf die Stadt
als ich bei dir lag
wir konnten uns in eine Zukunft wiegen

wirst du frei sein und allein sein
einsam und zu zweit sein
wirst du beten oder treten
wirst du lieben oder käuflich sein
wohin gehst du

Tilly

sag mal, Tilly, lüg nicht
willst du wirklich fort
fährst du mit dem Auto
an einen fremden Ort
ist es vorbei

ehrlich, Tilly, ist es wahr
sie sagen, du wirst gehn
das wäre sehr gefährlich
und du könntest untergehn
und wärest frei

der Kaufmann hat's gesagt
und auch die Blumenfrau
ich habe sie entdeckt
sie waren ganz erregt

Tilly, sag die Wahrheit
und sieh mich dabei an
ich bin der Junge in der Tür
mit dem man reden kann
das weißt du doch

ich bin so wie du
ich kann dich gut verstehn
aber steht es nicht geschrieben
man darf nicht einfach gehn
so ist es doch

der Kaufmann hat gesagt
ein Mädchen, so wie du
das findet keine Hand
da bin ich weggerannt

ich wär mit ihr
bis an den Rand gegangen
ganz egal, wohin die Reise geht
doch ich war wohl noch zu jung
mit fünf ist man als Mann gefangen
vielleicht auch nur zu dumm

hörst du, Tilly, draußen
weht ein starker Wind
das ist die Sternenstunde
das weiß doch jedes Kind
nimm mich mit

ich werde auch nicht heulen
ich störe dich auch nicht
wirst du mir bald schreiben
vergiss mich nicht
nimm mich mit

du hast mich gesehn
du konntest mich verstehn
du warst ein Engel, Tilly
ich hab dich so geliebt

Unser Traum

weißt du noch
wie wir als Kinder waren
trotz Kummer und Gefahren
wir liebten uns
über alle Barrikaden

weißt du noch
die Lieder, die wir sangen
uns hielt das weite Meer gefangen
gleich nach der Angst
und hinterm großen Bangen

wir hatten einen tollen Traum
vom unbegrenzten Raum
wir stritten oft darum
und liefen uns davon

ich hab heut Nacht geträumt
von dir geträumt
und dieser Traum war mir vertraut
und wunderbar
denn du warst mir so nah
dass ich im Traum sogar
in deinen Augen diesen weiten Himmel sah

erinnerst du dich
an die zwei Matrosen
wir beide in Rebellenpose
wie immer hart am Wind
und von der Sehnsucht ganz besoffen

wir prüften alle Meerestiefen
wenn wir nicht grade drüber schliefen
als ahnten wir
wohin uns die Sirenen riefen

wofür ging unsre Liebe drauf
ganz plötzlich kam der Stapellauf
dein Schiff hieß »Große Fahrt«
und meins hieß »Libertad«

ich hab heut Nacht geträumt
von dir geträumt
und dieser Traum war mir vertraut
und wunderbar
denn du warst mir so nah
da stand im Traum sogar
in deinen Augen dieses dumme Libertad

Zittern vor den Frauen

Großvater hat dich davor gewarnt
wer die Liebe liebt, hat nichts zu feiern
hat sie dich erst einmal fest umgarnt
geht es dir gewaltig an die Eier

Frauen sind unfassbare Geschöpfe
du wirst vor ihnen in die Knie gehn
erst schreien sie nach Freiheit an den Töpfen
dann wollen sie den starken Kapitän

du wirst
zittern vor den Frauen
zittern vor den Frauen
zittern vor den Frauen
ja, die Liebe ist kein Spaß
zittern vor den Frauen
zittern vor den Frauen
werde Mönch am Berge Athos
oder schwul in Caracas

Frauen sind gefährliche Wesen
seit Jahrhunderten im Dschungelkampf erprobt
Achtung, Frauen können lesen
und du Narr hast sie dafür auch noch gelobt

sie werden dir die Ruderpinne kürzen
du findest nie zurück auf deinen Thron
bist du erst einmal die Freundin mit der Schürze
hilft dir auch kein Furieeleison

denn die Erde ist 'ne Scheibe
und der Mann hat sie geplant
damit das morgen noch so bleibe
wacht er über ihren Tellerrand

was für ein Tag
wie ich ihn mag
Regen wird meine Füße heben

Der Himmel schaut zu

in den Städten tobt der Nahkampf
Mann gegen Mann
Menschenhamster schaffen
für den Feierabend an
wir tragen Baseballkappen
damit keiner meint
du wärst ein Feind

ich hab ein Kind gesehn
das konnte nicht verstehn
warum eine kleine Kugel töten kann
ich hab es ihm erklärt
mich hat sein Blick verstört
da fing schon etwas leicht zu flackern an

und der Himmel schaut zu
als wäre nichts geschehn
wir können ruhig schlafen gehn
der Himmel schaut zu
der Himmel schaut zu
wer nicht hinsieht
dem kann nichts geschehn
einfach ruhig weitergehn
der Himmel schaut zu

Jugoslawien liegt am Bahnhof
Afrika gleich nebenan
und die vor den Kugeln flohen
kamen her, doch niemals an
bei uns zu Haus trägt mancher
eine Knarre im Gesicht
die siehst du nicht

ich hab ein Kind gesehn
das konnte nicht verstehn
warum man Wasser nicht mit allen
    teilen kann
es ist doch genug da
auch für Afrika
zeig mir 'ne Kugel, mit der man Regen
    machen kann

und der Himmel schaut zu
und alle Englein schlafen
Leben fängt mit L an
wie Liebe oder Lust
Leben ist ein langer, grenzenloser Fluss

Land des Lächelns

komm, Jiri, trink vom roten Wein
wir wollen heute glücklich sein
morgen geht's hinaus ins Land des Lächelns
da sollen die Menschen freundlich sein
die werden auch nicht kleinlich sein
die haben uns bestimmt noch nicht
   vergessen

komm, Jiri, gib mir deine Hand
und lach und tanz und wein
der Rebbe singt so wunderschöne Lieder
und morgen, wenn der Herrgott will
dann wird auch unser Kummer still
morgen geht's hinaus ins Land des Lächelns

ach, Jiri, ich habe letzte Nacht
nur an dies schöne Land gedacht
und ehrlich, dabei wurde mir ganz bange
haben sich die Leute dort gern
trotz Christenkreuz und Judenstern
Frieden gibt es dort doch noch nicht so lange

ach, Jiri, werden sie uns Blumen
auf die Wege streuen
den Verfolgten und Stummen und den
   Zarten
ich hab heut Nacht so schwer geträumt
dabei hat mir mein Herz geweint
ich sah im Moor die Männer mit den Spaten

sag, Jiri, traust du diesem Land
Bücher wurden dort verbrannt
werden sie aus ihrer Asche lernen
oder sind sie starr vor Angst
trotz Vollmachten und Ordnungszwang
können sie noch fühlen, leiden, wärmen

sag, Jiri, ist der alte Wolf
noch immer unterwegs
und wir, die Lämmer, werden wir verzagen
die ganze Welt hat zugesehn
wie in Grosny zugesehn
heute wie damals vor 60 Jahren

komm, Jiri, trink vom roten Wein
wir wollen heute lustig sein
morgen geht's hinaus ins Land des Lächelns
da sollen die Menschen freundlich sein
die werden auch nicht kleinlich sein
die haben ihre Kriege nicht vergessen

hab Mut, mein Lieb, schlag still mein Herz
es gibt nichts zu verzeihn
komm, Jiri, lass uns trinken, tanzen, küssen
es pocht 'ne Sehnsucht an die Welt
die sich aus einem Lächeln quält
an der wir beide morgen sterben müssen

tanz, tanz, Jiri

Der Zorn der bösen Affen

der Klügste von ihnen erfand das Rad
indem er einen Kopf zum Rollen brachte
der Dümmste schnitzte sich ein Keulchen
   zart
beim Anblick seiner Morgenlatte

und als sich einer von den Bäumen schwang
und fand so den aufrechten Gang
die Hände frei, ja da begann
der Zorn der bösen Affen

das Hirnvolumen war noch nicht bekannt
Atome bombten erst viel später
noch schafften sie nur Nüsse ran
und liebten dicke, rote Pöter

doch es gab einen vom Nachbarstamm
der als Erster das Feuer bezwang
und als die Kälte kam, begann
der Zorn der bösen Affen

und sie schlugen
und sie trugen
Mord und Totschlag
wie zum Festtag
und sie brüllten
und sie killten
und machten alles platt
und jagten so den Jägern ihre Beute ab

und mit der Keule wuchs das Hirn
sie nannten sich zivilisierte Affen
und schufen Alk und Tuch und Zwirn
und ein paar unschlagbare Waffen

bis einer von dem Nachbarstamm
mit blassem Arsch zur Taufe kam
und auch noch furzte, ja da begann
der Zorn der bösen Affen

und sie schlugen
und sie trugen
Mord und Totschlag
wie zum Festtag
und sie killten
und sie brüllten
ihr Todeslied
das war es, was sie von den Tieren
   unterschied

1200 Kubik (Gehirn)
das war der ganze Unterschied
das reichte nur für Waffen
beim Zorn der bösen Affen

ja, sie wollten so viel schaffen
die syphilsierten Affen

doch als die Kälte kam, begann
der Zorn der bösen Affen

Ich hab es niemandem erzählt

du gabst das Fahrrad aus der Hand
mit dem ich eine Straße fand
du warst in meinen Nächten da
wenn die weiße Frau ins Fenster sah

du gabst die Antworten in Not
auf Fragen nach dem lieben Gott
du warst an meinem Kinderbett
mein Vaterunser Nachtgebet

doch das sind Lügen und nicht wahr
in Wahrheit warst du niemals da

ich hab es niemandem erzählt
du hast mir immer so gefehlt

wie oft hab ich die Tür gesucht
nach dem Beweis, der dich verbucht
hab dich auf Fotos aufgespürt
und unmerklich dein Bild kopiert

ich folgte dir zur Hudson Bay
und klingelte bei Hemmingway
wenn andre Väter angeln warn
dann rief ich einen Onkel an

doch das sind Lügen und nicht wahr
in Wahrheit warst du immer da

Steine können nicht sprechen
Steine können nicht sehn
Steine geben keine Hand
in Steinen, steht geschrieben
wohnt ein Diamant
der ist das Glück der Welt
du hast mir immer so gefehlt

du gabst das Fahrrad aus der Hand
mit dem ich eine Straße fand
du warst das Leben und der Tod
mein letzter Wunsch in höchster Not

die Zweifel und der Unverstand
dein Name an der Schattenwand
du warst an meinem Kinderbett
mein Vaterunser Nachtgebet

doch das sind Lügen und nicht wahr
in Wahrheit bist du immer da

Wenn

wenn
wenn eine Flamme in mir wär
ein Feuer, wie ein Licht im Meer
ich könnte jeden Weg beginnen

und wenn
wenn ein Vertrauen in mir wär
so groß und stark, so wie das Meer
ich würde jeden Berg bezwingen

dann wär ich frei
wie ein Kind
wie ein Vogel würd ich fliegen
weit hinaus mit dem Wind
nach überall
und suchte ihn, den Diamant
ja wenn
wenn
wenn

wenn
wenn eine Stimme in mir wär
die käm direkt vom Herzen her
ich müsste niemals wieder lügen

und wenn
wenn die Freude in mir wär
ein Lachen groß, so wie das Meer
ich könnte jede Angst besiegen

dann wär ich frei
wie ein Kind
wie ein Vogel würd ich singen
ich wär zu Haus mit dem Wind
im Überall
und suchte ihn, den Diamant
ja wenn
wenn
wenn

wenn
wenn die Liebe in mir wär
so grenzenlos, so wie das Meer
ich müsste keinen Brunnen fragen

und wenn
wenn mir nichts blieb als freie Wahl
ob höchster Berg, ob tiefstes Tal
ich weiß, die Liebe würd mich tragen

dann wär ich frei
wie ein Kind
alle Türen stünden offen
ich ginge fort mit dem Wind
nach überall
und fände ihn, den Diamant
ja wenn
wenn
wenn

Der Diamant

die Lügen der Vergangenheit
die Bilder der Unmöglichkeit
Gesetze aus dem Schlummerland
ich hab sie allesamt verbrannt

die Aktenberge meiner Pflicht
verfeuerte das Sonnenlicht
und was ich in der Asche fand
das war ein roher Diamant

ein Diamant so hell und klar
ein Diamant so rau und wahr
ja, was ich in der Asche fand
das war ein roher Diamant

die Kränze süßer Eitelkeit
Ikonen alter Einsamkeit
die Beute aus dem Kummerland
ich hab sie allesamt verbrannt

die Wächter mit dem Eisenschwert
verglühten unterm Feuerherd
und was ich in der Asche fand
das war ein roher Diamant

Diese Nacht wird uns verwöhnen

zieh dir deine roten Schuhe an
wir gehen heute aus
es singt der Hoochie Coochie Mann
der lässt die Geister raus
hörst du, wie sie klagen
und uns den Kopf verdrehn
lass die schwarzen Strümpfe an
ich will die Katze sehn

diese Nacht wird uns verwöhnen
in dieser Nacht wird alles klar
daran werd ich mich gewöhnen
love, love, love
und kein Schlaf

mein Kopf ist wie im Karneval
ich fühl mich kostümiert
die Geister haben Knall auf Fall
alles kontrolliert
hörst du, wie sie jammern
hörst du, wie sie schreien
sie wollen nicht mehr liebeskrank
und nicht mehr einsam sein

heut singt der Hoochie Coochie Mann
dann fängt eine Geschichte an

bin von dir aufgewacht
in der Walpurgisnacht
und konnte weiße Segel sehen
sag mir das Zauberwort
jag mir die Geister fort
sag es mir
sag es mir
ich sprech sie nach
love, love, love

heut singt der Hoochie Coochie Mann
dann fängt eine Geschichte an
von den Dämonen
die in uns wohnen

zieh dir deine roten Schuhe an
heut singt der Hoochie Coochie Mann

Gesucht und auch gefunden

ich hab schon früh von dir erfahren
in alten Büchern las ich dich
bin übers Chinameer gefahren
die halbe Welt bereiste ich
weit, so weit
fern, so fern
über alle Meere

hab dich gesucht und auch gefunden
hab von dir immer schon gewusst
wie 'n Stern drehte ich meine Runden
weit, so weit
fern, so fern
übers Meer

du bist die Frau aus meinen Träumen
'ne Kämpferin aus zartem Guss
und aus dem Wald der tausend Bäume
fand ich heraus durch deinen Kuss
nah, so nah
weich, so weich
fiel ich auf die Erde

hab dich gesucht und auch gefunden
hab von dir immer schon gewusst
wie 'n Stern drehte ich meine Runden
weit, so weit
fern, so fern
hab dich gesucht und auch gefunden
und fiel vom Himmel in das Meer
und alle Zeit und alle Wunden
weit, so weit
fern, so fern
zählten nicht mehr

gesucht und auch gefunden

Ich werde wie ein Seemann gehn

ich liebte das Grün der Bäume
die klitschnassen Straßen im Mai
wenn die Stadt im Licht explodierte
der Winter war endlich vorbei

ich liebte die Augen der Alten
die offenen Fenster zum Hof
die Geschichten von Liebe und Sehnsucht
ihren Traum, in dem ich ersoff

ich liebte das Gras und den Sommer
die Parks, die kleinen Seen
die Weiden, die zu mir sprachen
ich konnte jedes Wort verstehn

sie erzählten mir ein Geheimnis
das so alt wie die Steine war
ein Orakel, ein kindliches Gleichnis
das verborgen blieb, Jahr für Jahr

das ist lange her
gestern schlief ich schwer
ich hab's im Traum gesehn
konnt jedes Wort verstehn

ich werde wie ein Seemann gehn
werde fremde Länder sehn
werde jedes Meer befahren
ich will die ganze Welt umarmen

ich werde wie ein Seemann gehn
mit Wind und Wolken drehn
ich will ein Feuer sein, das brennt
im Strom, der keine Grenzen kennt

ich liebte den Herbst und die Farben
so konnt ich den Abschied verstehn
das Dunkel, in dem wir uns trafen
mit den Helden, den Geistern, den Feen

ich liebte die Spiele am Abend
die Nutzlosen, die ohne Zweck
die Geschichten von Lügen und Narben
und ich schwor, ich geh niemals weg

doch der Winter vertrieb alle Sorgen
weil er uns wie ein Mantel umgab
wir verschoben Neuseeland auf morgen
denn wer haut im Dezember schon ab

und Schnee fiel auf unsere Straßen
der die Stadt still werden ließ
und wir rannten auf eisigen Wassern
in dem ein Geheimnis schlief

das ist lange her
gestern schlief ich schwer
ich habs im Traum gesehn
konnt jedes Wort verstehn

Jacques Brel – Klaus Hoffmann

Hoffmann singt Brel

Ich wusste, irgendwann in meinem Leben,
wenn's geht, bevor ich 50 bin, werde ich seine
Geschichte erzählen, werde ich versuchen,
diesen Zustand Brel sichtbar zu machen.

K. H.

Jacky

auch wenn ich mal in Knokke-le-Zoute
im Altersheim »Zur letzten Brut«
als Sänger Damenkränzchen gebe
und sing täglich »mi corazon«
als röchelndes Bandoneon
und man noch froh ist, wenn ich lebe

auch wenn man mich Antonio nennt
und mir die kleinste Feuersbrunst
in einem Drink verbrennt
Madame, Madame, ich tue, was ich kann
auch wenn ich mich im Bier ertränk
und rede von der Manneslust
mit Mütterchen, die an der Brust
geschmückt sind wie 'ne Weihnachtstanne

so wird mir auch im Vollrausch klar
dass ich für rosa Zebras sing
ein Lied, das aus der Zeit erklingt
als ich noch der Jacky war

nur einmal, nur noch einmal
nur einmal noch dieser Junge sein
nur einmal, nur noch einmal
so schön und so dämlich zugleich

auch wäre ich in Macao
der Chef in einem Kasino
umringt von schmachtenden Gefahren
schon etwas abgeschlafft und müd
und ließ anstelle eines Lieds
als Meistersänger einen fahren
und nennt man mich den schönen Serge
und dealte ich mit Opium
verkaufte Whiskey aus Clermont
gefälschten Fraun und schwulen Schergen
und hätt am Finger eine Bank
und eine Bank in jedem Land
und hielt die Zügel in der Hand
und könnt die halbe Welt verderben

ich wär doch Nacht für Nacht allein
würd nur ein paar Chinesen freun
mit diesem Lied, das ist gewiss
als ich noch der Jacky hieß

und wär ich dann im Paradies
was doch sehr unwahrscheinlich ist
der Sänger für die blonden »Engel«
und säng für sie Halleluja
und weinte denen unten nach
da, wo die Zeit nach oben drängelt
nennt man mich auch den lieben Gott
den, den sie zwischen »hott« und »trott«
im Telefonbuch unter »Schrott«
als Schiedsrichter verkaufen
und trüge ich 'nen langen Bart
und würd mich nach uralter Art
so mitleidsvoll und zart
für die unten besaufen

mir würd im Paradies schnell klar
das Lied, das mir ein Engel singt
nur teuflisch aus 'ner Zeit erklingt
als ich noch der Jacky war

Originaltext: Jacques Brel
Übersetzung: Klaus Hoffmann

Marieke

ay Marieke, Marieke, es begann
dort bei den Türmen von Bruges und Gand
ay Marieke, Marieke, ein Leben lang
liebte ich dich von Bruges bis Gand

zonder liefde warme liefde
waait de wind de stomme wind
zonder liefde waarmde liefde
weent de zee de grijze zee
zonder liefde warme liefde
lijdt het licht het donk 're licht
en schuurt het zand over mijn land
mijn platte land mijn Vlaanderland

ay, Marieke, Marieke, der Himmel flammt
und färbte das Land von Bruges bis Gand
ay Marieke, Marieke, der Himmel flammt
und weint mit mir von Bruges bis Gand

zonder liefde warme liefde
waait de wind ce fini
zonder liefde warme liefde
weent de zee de ja fini
zonder liefde warme liefde
lejdt het licht tou te fini
en schuurt het zand over mijn land
mijn platte land mijn Vlaanderland

ay Marieke, Marieke, der Himmel krankt
er hängt so schwer von Bruges bis Gand
ay Marieke, er war es, der dich bezwang
die ich so liebte von Bruges bis Gand

zonder liefde warme liefde
lacht der duivel de zwarte duivel
zonder liefde warme liefde
brandt mijn hart mijn oude hart
zonder liefde warme liefde
sterft de zomer de droeve zomer
en schuurt het zand over mijn land
mijn platte land mijn Vlaanderland

ay Marieke, Marieke, die Zeit verschwand
wo blieb die Zeit von Bruges bis Gand
ay Marieke, Marieke, ein Leben lang
sagten wir von Bruges bis Gand
ay Marieke, Marieke, der Abend sang
unser Lied von Bruges bis Gand
ay Marieke, Marieke, die See, der Tang
erwarten mich von Bruges bis Gand

Originaltext: Jacques Brel
Übersetzung: Klaus Hoffmann

Rosa

rosa rosa rosam
rosae rosae rosa
rosae rosae rosas
rosarum rosis rosis

das ist der Tango alter Zeiten
mit dem die Kinder täglich streiten
jeden Spaß kann er verleiden
beugt man sich ihm auf Latein
das ist der Tango für die Schule
der macht aus Sklaven Großmogule
und es ist frevelhaft zu buhlen
nur auf Lateinisch klingt er fein
da ist der Tango der Herrn Pfarrer
die ihre strengen Blicke streun
morgen sollen Jules und Carla
Frankreichs große Zukunft sein

das ist der Tango aller Streber
der picklig grauen Totengräber
die sich mit eisigkalter Feder
in die ersten Reihen knien
da ist der Tango der Verlierer
der ewig kummervollen Schüler
die werden wie der Papa lieber
als Apotheker weiterziehn
da ist die Zeit, da war ich Letzter
denn diesem Tango Rosarim
neigte ich meine Cousine
Rosalinde vorzuziehn

da ist der Tango der Promenaden
zu zweit unter den Arkaden
umzäunt von Raben und Alkaden
damit wir schuldbewusst bereun
da ist der Tango eines Segens
wo mir im Spiel meines Regens
klar wurde, ach, es ist vergebens
ich werd nie Vasco da Gama sein
doch auch der Tango wie ein Kuss
an einem schlichten Donnerstag
in einer Waldlichtung mit Fluss
wo Rosalinde bei mir lag

da ist der Tango aller Fünfen
ich hatte davon mehr als Strümpfe
und teilte sie mit andern Pimpfen
brauchte nie der Erste sein
da ist der Tango der Belohnung
für Kinder, die keine Bedrohung
nur Glück kennen oder Schonung
und sich an gar nichts mehr erfreun
da ist der Tango, dem man nachweint
wenn man die Zeit erst mal bezahlt
man erkennt, auch wenn der Mond scheint
dass eine Rose Dornen hat

Originaltext: Jacques Brel
Übersetzung: Klaus Hoffmann

Amsterdam

in den Kais von Amsterdam
heult der Seemann sein Lied
von dem Traum, der ihm riet
hau bloß ab nach Amsterdam
in den Kais von Amsterdam
stöhnt der Seemann im Schlaf
liegt am Ufer, verbannt
wohin die Flamme ihn warf
in den Kais von Amsterdam
sterben in jeder Nacht
zehn Matrosen im Wahn
im Bier einer Gracht
in den Kais von Amsterdam
werden Matrosen geborn
schweißnass wie vor Kap Horn
wirft sie der Ozean

in den Kais von Amsterdam
essen Matrosen zu heiß
an Tischen, sehr weiß
fette Fische im Tran
und sie zeigen Zahn um Zahn
eine triefende Lust
und der Mond, wie 'ne Brust
strahlt ihr Vorderschiff an
und es stinkt nach Kabeljau
bis in die Fritten hinein
und die Hände stopfen rein
damit nichts anbrennt oder fault
und danach stehn sie lachend auf
so wie eine Welle platzt
schließen ihren Hosenlatz
und gehen rülpsend hinaus

in den Kais von Amsterdam
sind Matrosen beim Tanz
und die reiben Wanst an Wanst
und sich an den Fraun
und sie drehn sich wie in Trance
so wie die Sonnen verglühn
zum klagenden Gestöhn
eines Akkordeons
und sie segeln wie im Sturz
und sie lachen sich krumm
und plötzlich mit lautem Furz
das Akkordeon verstummt
und mit ernstem Gesicht
und mit stolzem Blick
zeigen sie dem Tageslicht
ihr allerbestes Stück

in den Kais von Amsterdam
sind Matrosen beim Suff
und sie ertrinken im Puff
wie im Stillen Ozean
und sie trinken auf das Wohl
aller Huren der Welt
von Hamburg bis sonstwo
auf die Damen und das Geld
auf die Schönheit einer Frau
die ihre Tugend verschenkt
die für 'ne Mark Liebestau
das ganze Meer versenkt
und sind sie dann voll
werden sie zu den Sternen schaun
und sie pissen, wie ich heul
auf die untreuen Fraun

Originaltext: Jacques Brel
Übersetzung: Klaus Hoffmann

178

Knokke-le-Zoute Tango

heut Nacht werde ich Spanier sein
und mich an Spanierinnen freun
ich hol sie mir aus den Vitrinen
der schönsten Viertel Amsterdams
Lianen mit gefärbtem Teint
und exportierte Konkubinen
ich will, dass sie wie Katzen sind
mit etwas Schnee und etwas Zimt
so sollen ihre Zungen schmecken
sie müssen frisch wie Mangos sein
und werden sie auch dämlich sein
ihr Hintern wird den Geist verdecken

doch heut Nacht hat Spanien zu
heut wird nicht gelacht
heut wird gedacht
nein, heut Nacht regnet Knokke-le-Zoute
heut Nacht wie jede Nacht
ich geh zu mir und nehm die alte Route
und meinen Pimmel untern Arm

heut Nacht, wenn ich ein Spanier bin
mit kleinem Arsch und dickem Kinn
ich werd sie alle braten
das Freiwild aus Biarritz
die Carmencitas aus dem Kiez
die auf mich syphilistisch warten
ich hoff, dass sie auch fröhlich sind
und dass sie gute Huren sind
halb andalusisch, halb chinesisch
die man wie die Gestapo jagt
denn keiner hat ihnen gesagt
dass ihr Franco schon längst verwest ist

doch heut Nacht bleibt Spanien zu Haus
und der Krieg ist aus
und die Luft längst raus
nein, heut Nacht regnet Knokke-le-Zoute
heut Nacht wie jede Nacht
ich geh zu mir und nehm die alte Route
und meinen Pimmel untern Arm

heut Nacht bin ich in Caracas
ich bin Panam und Partagas
und bin der Schönste von den Jägern
ich streun von Hotel zu Hotel
und suche mir das beste Ziel

um sie im Fangschuss zu erlegen
ich will, dass sie in Fummeln gehn
wie Transvestiten sich verdrehn
und auf mich warten, schön wie Jade
umringt von Schlangen und Brokat
im Spreizgang oder im Spagat
inmitten Büchern von de Sade

doch heut Nacht gibt's kein Caracas
gibt's auch keinen Spaß
nur die Straßen sind nass
nein, heut Nacht regnet Knokke-le-Zoute
heut Nacht wie jede Nacht
ich geh zu mir und nehm die alte Route
und meinen Pimmel untern Arm

aber
morgen
ja, vielleicht
vielleicht morgen
werde ich Spanier sein
ich werd mich an den Spanierinnen freun
ich hol sie mir aus den Vitrinen
der schönsten Viertel Amsterdams
Lianen, exportierte Konkubinen
morgen werden sie wie Katzen sein
mit Schnee und Zimt, ich werd sie frein
so werden ihre Zungen schmecken
sie werden frisch wie Mangos sein
und werden sie auch dämlich sein
ihr Hintern wird den Geist verdecken

morgen, wenn ich Spanier bin
mit kleinem Arsch und dickem Kinn
ich werd sie alle braten
das Freiwild aus Biarritz
die Carmencitas aus dem Kiez
die auf mich syphilistisch warten
ich hoff, dass sie auch fröhlich sind
dass sie gute Huren sind
halb andalusisch, halb chinesisch
die man wie die Gestapo jagt
denn keiner hat's ihnen gesagt
dass ihr Franco schon längst verwest ist

Originaltext: Jacques Brel
Übersetzung: Klaus Hoffmann

Die Stadtmauer von Warschau

Madame führt ihren Arsch in Warschau auf
dem Markt spazieren
Madame würd selbst ihr Herz wie einen
Affen kommandieren
Madame lässt ihren Schatten in Italien
aufmarschieren
Madame liebt es, ihr Leben gut zu führen

Madame lässt morgens maulig ihren Falten-
wurf studiern
Madame wird jeden Tag mit ihrem Frohsinn
tapeziern
Madame hält sich 'nen Trottel zum Frisiern
und Volontiern
ich find, Madame lässt sich ganz gut
bedienen

und ich steh
als Garderobier
Jahr für Jahr
im Alcazar

Madame swingt jeden Sommer bis zum
südlichsten Frankreich
Madame trägt ihren Busen hin zum nied-
lichsten Vergleich
Madame pflegt ihren Spleen, so wie das
Hochwasser den Deich
Madame ist an Erfahrungen sehr reich

Madame hat einen Hund, der einer schwarzen Blutwurst gleicht
Madame spricht von der Kindheit, die sie
nach Belieben streicht
Madame spricht Russisch mit Akzent, aber
den ganz leicht
und dabei stammt Madame nur von 'nem
Dorfteich

und ich Narr
mache die Bar
Jahr für Jahr
im Alcazar

Madame öffnet ihr Haar, das sie mit
Moschus präsentiert
Madame hat einen Blick, der alte Männer
balsamiert
Madame lächelt so sanft, wie man ein
Honigbrot beschmiert
ich finde, Madame kokettiert

Madame wird ihren Rausch von Schnaps zu
Schnäpschen kultiviern
Madame wird die Gene von zehn Matrosen
konsumiern
Madame sagt allen Leuten, ich hieße Tante
Jacqueline
ich finde, Madame ist affektiert

und ich bin
die Sängerin
ohne Haar
im Alcazar

Madame legt Hand an und befummelt das
Armée du corps
Madame geht auf den Tuntenball und ich
bezahl den Mohr
Madame fährt mit der Kutsche und spannt
mich auch noch davor
ich finde, Madame hat Humor

Madame spielt nur Vabanque und öffnet
jeden Banktresor
Madame spielt Juwelier und trägt Smaragde
hinterm Ohr
Madame fährt meinen Rolls und ich gehöre
zum Dekor
ich finde, Madame quält den Motor

ich bleib auf Trab
und wasche ab
Jahr für Jahr
im Alcazar

Originaltext: Jacques Brel
Übersetzung: Klaus Hoffmann

Der Säufer

mein Freund, bring Wein, schenk ein
ein Glas noch, eh ich geh
ein Glas noch, nur noch eins
ich heule nicht, oh nein
ich sing, so froh ich kann
und kotz mich selber an
mein Freund, bring Wein, schenk ein
mein Freund, bring Wein, schenk ein

trinken wir auf dein Glück
du lügst so wunderbar
sag mir, sie kommt zurück
sag mir, es wird auch wahr
was macht es, du lügst auch toll
du Kneipier ohne Herz
in einer Stunde bin ich voll
und spüre keinen Schmerz

trinken wir auf das Wohl
der Freunde dieser Welt
das Lachen und den Stolz
der mir dann nicht mehr fehlt
egal, ihr edlen Herrn
wenn ihr mich liegen lasst
in einer Stunde bin ich fern
und spüre keinen Hass

trinken wir auf mein Wohl
auf dass man mit mir trinkt
auf dass man mit mir tanzt
auf dass man mit mir singt
sie hat sich doch gelohnt
ich finde keinen Groll
lasst mich nur unterm Mond
in einer Stunde bin ich voll

ein Toast auf jedes Weib
das ich noch lieben werd
das ich aus Zeitvertreib
zum Weinen bringen werd
wenn sie mich auch nicht will
und meine Blumen fauln
in einer Stunde bin ich still
und ich empfange einen Traum

ein Toast auf diese Hur
die mir das Herz zerbrach
trinken wir auf die Hur
ich trage ihr nichts nach
was soll's, auch wenn ich heul
und eine Träne wein
in einer Stunde werd ich voll
und ohne Erinnerungen sein

trinken wir diese Nacht
weil ich zu hässlich bin
für eine, die mich mag
für irgendeinen Sinn
trinken wir, es wird Zeit
ihr endlich zu verzeihn
in einer Stunde ist's so weit
dann werd ich ohne Hoffnung sein

mein Freund, bring Wein, schenk ein
ein Glas noch, eh ich geh
ein Glas noch, nur noch eins
ich heule nicht, oh nein
ich sing, so froh ich kann
und kotz mich selber an
mein Freund, bring Wein, schenk ein
mein Freund, bring Wein, schenk ein
mein Freund, bring Wein, schenk ein

Originaltext: Jacques Brel
Übersetzung: Klaus Hoffmann

Die ohne Hoffnung sind

sie gehen Hand an Hand und schweigend wie in Trance
die Stadt erlischt, der Regen gibt ein wenig Glanz
und Schritt um Schritt flüstern sie ihre Schritte mit
die Stille ist es, die sie nimmt
die ohne Hoffnung sind

die Flügel sind verbrannt, sie sind längst ohne Stamm
so schiffbrüchig verloren, der Tod lächelt sie an
sie sind zurückgekehrt, sie liebten wie als Kind
und schweigend ziehen sie hin
die ohne Hoffnung sind

ich kenne ihren Weg, weil ich ihn selber ging
schon mehr als oft, weit mehr als zu Beginn
weniger alt, nicht so verletzt, sie gehen ihn zu End
der Weg ist, der sie nimmt
die ohne Hoffnung sind

da ist das Wasser sanft, da ist das Wasser tief
da ist das Ende nah, da wo die »Mutter« rief
sie weinen ihren Namen und sie vermählen sich
und schmelzen schweigend hin
die ohne Hoffnung sind

der werf den ersten Stein, der steh auf, der nie brennt
der von der Liebe nur »sich selber lieben« kennt
da, wo der Nebel war, verschwindet was wir sahen
und man vergisst im Schweigen die
die voller Hoffnung waren

Originaltext: Jacques Brel
Übersetzung: Klaus Hoffmann

Jef

nein, Jef, du bist nicht allein
aber lass die Heulerei
die Leute geifern schon wie Hunde
nur weil dich so ein Weib
so eine falsche Blonde
wieder einmal fallen ließ
nein, Jef, du bist nicht allein
aber es ist mir peinlich, dich zu sehn
du weinst ja nur
die Leute bleiben ja schon stehn
bloß weil dich eine Freizeithur
zum Vollidioten werden ließ
nein, Jef, du bist nicht allein
doch du jämmerlicher Narr
komm hoch, die Leute lachen schon
komm weg vom Trottoir
komm, Jef, komm

komm
ich habe noch drei Sous
und die versaufen wir
bei der Françoise
komm, Jef, komm, komm
ich habe die drei Sous
und reichen sie nicht aus
dann schreiben wir sie an
dann feiern wir die Nacht
mit Muscheln und Pommes Frites
mit Fritten und Muscheln
und trinken Moselwein
und wenn du traurig bist
lass uns zu den Mädchen gehn
bei der Madame Andree
da wirst du Neuland sehn
und wir singen, wie es früher war
wir spüren, wie es war
wie damals
als wir jünger waren
wie damals
als wir reicher waren

nein, Jef, du bist nicht allein
aber lass die Grimassen
beweg deinen Arsch hierher
du darfst dich nicht so hassen
dein Herz wiegt zentnerschwer
lass es nicht hängen, Jef
nein, Jef, du bist nicht allein
aber wozu die Heulerei
lass dich nicht gehen
was soll die ganze Grübelei
du willst ins Wasser gehn
du könntest dich erhängen
nein, Jef, du bist nicht allein
aber das ist kein Trottoir
das ist ein Cinéma
die Leute stehn schon Schlange
komm, Jef, komm

komm
ich hol uns die Gitarre
ich spiel für uns
wir werden Spanier sein
komm, Jef, komm
mach uns die Nachtigall
wie wir als Kinder waren
und es wird schaurig sein
dann such ich uns 'ne Bank
ich erzähl dir einen Traum
den Traum von Amerika
komm, Jef, komm
wir werden rüberhaun
und machen Kohle klar
und werden Rockefeller sein
und es wird sein, wie es früher war
wir singen, wie es war
wie damals, als wir schöner waren
wie damals
als wir noch nicht
so versoffen waren
komm, Jef, komm, komm
ja … ja, Jef, ja

Originaltext: Jacques Brel
Übersetzung: Klaus Hoffmann

Bei diesen Leuten

zunächst
zunächst, da ist der Älteste
mit dem Melonenkopf
der mit der großen Nase
der seinen Namen nicht kennt
mein Herr, weil er ertrinkt
der längst ersoffen ist
der nie etwas beginnt
der ist völlig am Boden
wie seine Flaschen
und er hält sich für den Größten
der sich jede Nacht besäuft
mit schlechtem Wein
und er pennt in jeder Kirche
starr wie eine Leiche
und blass wie die Messe
und er sabbert im Schlaf
und verdreht seine Augen
und rennt sich selber nach
ich muss ihnen sagen, mein Herr
bei diesen Leuten
da denkt man nicht, mein Herr
da denkt man nicht
man betet

und dann
der mit dem Karottenkopf
der sah nie einen Kamm
er ist schlecht wie die Pest
der sein letztes Hemd
an arme Leute verschenkt
der nahm die Denise
ein Mädchen aus der Stadt
aus der anderen Stadt
und damit nicht genug
der kleine Geschäfte macht
mit seinem kleinen Hut
mit seinem kleinen Mantel

mit seinem kleinen Auto
der groß sein möchte
aber der bleibt, was er ist
der Idiot spielt den Reichen
und er hat keinen Sou
ich muss ihnen sagen, mein Herr
bei diesen Leuten
da lebt man nicht, mein Herr
da lebt man nicht
man schummelt

und dann
sind da die anderen
die Mutter, die nichts sagt
die mit der Apostelfratze
die redet von morgens bis abends
aber immer nur Schwachsinn
da hängt in einem hölzernen Rahmen
der väterliche Schnurrbart
der beim Stolpern starb
und er starrt auf seine Herde
die kalte Suppe schlürft
und das macht: »Schlürf«
und das macht: »Schlürf«
und dann ist da die Alte
die nicht aufhört zu zittern
man wartet nur, dass sie krepiert
weil sie ja die Kohle hat
man hört nicht
was ihre armen Hände erzählen
ich muss ihnen sagen, mein Herr
bei diesen Leuten
da spricht man nicht, mein Herr
da spricht man nicht
man zählt

und dann
und dann
da ist Frieda
schön wie die Sonne
die mich genauso liebt
so, wie ich Frieda liebe
und wir sagen uns oft
dass wir ein Haus haben werden
mit vielen Fenstern
und ohne Mauern

und wir werden darin leben
und es wird schön sein
wenn es nicht sicher ist
dann trotzdem »vielleicht«
doch die anderen wollen es nicht
nein, die anderen wollen es nicht
sie sagen, du wärst zu schön, zu schön für
   mich
ich wäre gerade gut
um Katzen zu töten
ich hab nie Katzen getötet
oder wenn, ist es lang her
oder ich hab es vergessen
oder sie rochen nicht gut
nein, die anderen wollen es nicht
manchmal, wenn wir uns durch Zufall treffen
mit Tränen im Gesicht
dann sagt sie mir, sie würde weggehn
und sagt, sie würde mir folgen
und dann, für einen Augenblick
für einen Moment
da glaub ich ihr, mein Herr
da glaub ich ihr
für einen Moment
für einen Augenblick
da glaub ich ihr
bei diesen Leuten
da geht man nicht, mein Herr
da geht man nicht
da wartet man
doch es ist spät, mein Herr
ich muss nach Haus
zu mir

Originaltext: Jacques Brel
Übersetzung: Klaus Hoffmann

Wenn uns nur Liebe bleibt

wenn uns nur Liebe bleibt
ein Geschenk für zwei Waisen
zum Beginn der großen Reise
die uns nach Hause treibt

wenn uns nur Liebe bleibt
für dich, für mich, meine Liebe
auf dass jeder Tag immer bliebe
der uns den Himmel zeigt

wenn uns nur Liebe bleibt
in jedem Schwur und Versprechen
nichts kann ihn zerbrechen
nicht mal Armut der Zeit

wenn uns nur Liebe bleibt
um all die Wunder zu bringen
die nur Sonnen gelingen
für die Stätten der Hässlichkeit

wenn uns nur Liebe bleibt
als einziger Grund
als einziger Bund
für die Ewigkeit

wenn uns nur Liebe bleibt
um mit den Ärmsten zu leiden
um sie mit Wärme zu kleiden
trotz aller Erbärmlichkeit

wenn uns nur Liebe bleibt
für die Kraft zum Gebet
für alles Leid dieser Welt
wie ein Sänger der Zärtlichkeit

wenn uns nur Liebe bleibt
als die kleinste Chance
für die, die im täglichen Tanz
auf der Suche sind nach der Wahrheit

wenn uns nur Liebe bleibt
einen Weg zu behauen
selbst das Schicksal zu bauen
trotz aller Unmöglichkeit

wenn uns nur Liebe bleibt
im Gespräch mit Kanonen
wie ein Lied, ein Chanson
bis dass jede Trommel schweigt

dann, Freunde, werden wir
was wir sind, das erben wir
wenn uns nichts als Liebe bleibt
dann, Freunde, gehört uns die Welt

Originaltext: Jacques Brel
Übersetzung: Klaus Hoffmann

Mathilde

ach, Mutter, es ist wieder Zeit
bete für mein Seelenheil
Mathilde ist wieder da
und Wirt, behalte deinen Wein
heut deck ich mich mit Tränen ein
Mathilde ist wieder da
und du, Maria, lass das Heu
bezieh lieber die Betten neu
Mathilde ist wieder da
und Freunde, bleibt mir diese Nacht
heut zieh ich wieder in die Schlacht
verflucht, Mathilde ist wieder da

mein Herz, mein Herz, werd bloß nicht
    weich
tu so, als wäre es dir gleich
die Mathilde ist wieder da
mein Herz, hör auf mich anzuschreien
sie würde noch viel schöner sein
die Mathilde ist wieder da
mein Herz, vergiss nicht, wie sie ist
sie war es doch, die dich zeriss
die Mathilde ist wieder da
ach, Freunde, lasst mich nicht allein
sagt mir, sagt mir, es darf nicht sein
Mathilde ist wieder da

ihr Hände, zittert nicht vor Glück
da kommt doch nur ein Hund zurück
Mathilde ist wieder da
ihr Hände, ruhig, schlagt nicht zu
es ist vorbei, lasst mich in Ruh
Mathilde ist wieder da
ihr Hände, lasst das Zittern sein
ich weinte doch in euch hinein
Mathilde ist wieder da
ihr Hände, regt euch bloß nicht auf
macht mich nicht zur Umarmung auf
verdammt, Mathilde ist wieder da

ach, Mutter, lass das Beten sein
dein Jacques dringt in die Hölle ein
Mathilde ist wieder da
und Wirt, bring uns den Hochzeitswein
heute wird ein Festtag sein
Mathilde ist wieder da
und du, Maria, lass das Heu
bespann lieber die Betten neu
Mathilde ist wieder da
ach, Freunde, rechnet nicht mit mir
es öffnet sich die Himmelstür
meine schöne Mathilde ist wieder da
wieder da

Originaltext: Jacques Brel
Übersetzung: Klaus Hoffmann

Die Alten

die Alten sprechen nicht, und wenn, ver-
    stehn sie sich in einem Augenblick
sind sie reich, sind sie arm, ihr Herz schlägt
    ohne Illusion, nur für des andern Glück
zu Haus riecht es nach Thymian, lavendel-
    schwer hängt dort die längst vergangene
    Zeit
lebt man auch in Paris, es bleibt immer die
    Provinz, wenn man zu lange bleibt
kommt es vom Lachen her, von der Erinne-
    rung, das die Stimme rissig klingt
oder weinten sie zu viel, dass tränenschwer
    in ihren Augen Perlen sind
sie werden zitternd sehn, die Uhr täglich
    umgehn, die durch die Stunde schleicht
die schnurrt im Salon, die sagt: »Ja«, die
    sagt: »Nein«, die sagt: »Ich wart auf euch«

die Alten träumen nicht, ihre Bücher schla-
    fen schon, die Klaviere sind verstummt
die Katze ist längst tot, der Muscadet gibt für
    den Sonntag keinen Grund
und faltenreich bewegen sie sich kaum,
    wozu, sie kommen nicht zu spät
vom Fenster hin zum Bett, vom Bett zum
    Chaiselongue, und dann vom Bett zum
    Bett
und gehen sie hinaus, dann nur noch Arm in
    Arm, und hölzern wie geschnitzt
dann gehn sie hinten dran, stirbt einer, stehn
    sie an und sehn am Grab
das Licht, das blitzt
für einen Schluchzer lang vergessen sie die
    Uhr, die übern Friedhof schleicht
die tickt im Salon, die sagt: »Ja«, die sagt:
    »Nein«, die sagt: »Ich wart auf euch«

die Alten sterben nicht, sie schlafen einfach
    ein, als schliefen sie zu lang
aus Angst, sich zu verlieren, für immer zu
    verlieren, halten sie sich bei der Hand
der andere bleibt, der Schlimmste vielleicht,
    der Sanfte vielleicht, der Beste vielleicht
was macht das schon, für den, der bleibt,
    wird es die Hölle sein, für ihn das Himmel-
    reich
sie werden ihn täglich sehn, im Regen gehen
    sehn, er geht voraus, er geht allein
der andere bleibt zurück, entschuldigend
    zurück, noch nicht so weit zu sein
noch läuft die Zeit davon, so wie die Zeit der
    Uhr, die durch ihr Leben schlich
die schnurrt im Salon, die sagt: »Ja«, die
    sagt: »Nein«, die sagt: »Ich wart auf dich«
die schnurrt im Salon, die sagt: »Ja«, die
    sagt: »Nein«, die sagt: »Warte auf mich«

Originaltext: Jacques Brel
Übersetzung: Klaus Hoffmann

Das Lied der alten Liebenden

natürlich waren wir gefangen
in zwanzig Jahren Leidenschaft
wie oft bist du einfach gegangen
wie oft verschwand ich in der Nacht
und jeder Stuhl erinnert sich
an unser Spiel, doch es war nichts
als nur Theaterdonner
die Ketten waren gar nicht echt
und jeder Krach kam uns nur recht
denn er vertrieb den kleinen Kummer

mein Lieb, mein Leid
ich lieb dich noch wie in der ersten Zeit
von Anbeginn bis in die Ewigkeit
weißt du, ich lieb dich noch
ich liebe

wir kennen unsere Spiele
die kleinen Tricks und Zaubereien
nur manchmal sollte ich verlieren
denn manchmal spieltest du allein
natürlich blieb dir auch nichts fremd
vielleicht auch nur als Zeitvertreib
und danach liefen wir auf Scherben
wir brauchten beide viel Talent
als Nahrung für das alte Kind
das sollte nie erwachsen werden

die Zeit ist eine Kralle
je mehr sie greift, wird sie zur Pein
und Harmonie kann eine Falle
für eine alte Liebe sein
natürlich weinst du nicht zu schnell
und ich, ich zerreiß mich nicht zu früh
wir kennen beide das Geheimnis
das letzte Urteil ist gefällt
der Zufall ist längst abbestellt
und zarter Krieg bleibt unser Gleichnis

Originaltext: Jacques Brel
Übersetzung: Klaus Hoffmann

hängt mir nur einen alten bunten Lappen hin
dann zeig ich euch den Karneval

Bitte geh nicht fort

bitte geh nicht fort
man muss vergessen
man kann vergessen
jeden Tag und Ort
vergiss die Zeit
unserer Irrungen
und Verwirrungen
die verlorene Zeit
man kann sie betörn
lass die Fragen ruhn
nach dem Warum
die das Glück zerstörn
bitte geh nicht fort

schau
ich schenke dir
Perlen aus Regen
aus einem Land
wo der Regen nie fällt
ich durchkreuz die Welt
bis nach meinem Tod
und bedecke dich
mit Gold und Licht
es gibt ein Beginn
wo nur Liebe ist
wo du Herrin bist
eine Königin
bitte geh nicht fort

bitte geh nicht fort
und ich öffne dir
jede Tür
mit dem Zauberwort
ich erzähle dir
von dem Liebespaar
das vertrieben war
und zurückgeführt
ich les dir die Hand
von dem König, der

gab sein Leben her
weil er dich nie fand
bitte geh nicht fort
man hat oft erlebt
dass ein Vulkan
dessen Feuer zerrann
neu zu flammen begann
und die Erde grünt
neues Leben beginnt
aus verbranntem Stein
wie im schönsten Mai
und die Nacht erscheint
wenn der Himmel loht
weil das Schwarz und Rot
sich aufs Neue vereint
bitte geh nicht fort

bitte geh nicht fort
und ich sag nichts mehr
und ich klag nicht mehr
such mir einen Ort
will dich nur noch sehn
und dich sprechen hörn
singen, lachen hörn
will dich tanzen sehn
lass mich Schatten sein
deines Schattens sein
Schatten wie ein Hund
lass mich Schatten sein
bitte geh nicht fort

Originaltext: Jacques Brel
Übersetzung: Klaus Hoffmann

Die Vornamen von Paris

es beginnt, wenn sie beginnt
denn sie streichelt die Stadt
das ist Paris »Der Tag«
und die Seine wird mit ihr gehen
wenn sie dich am Finger hat
das ist Paris »Jeder Tag«
ihr Herz, das lacht
mein Herz, das Sprünge macht
das ist Paris »Guten Tag«
deine Hand in meiner Hand
denn du hast ja gesagt
das ist Paris »Wie ich dich mag«

das erste Rendezvous
auf der Insel Saint-Louis
das heißt »Paris beginnt«
der erste Kuss von dir
in den Tuilerien
das heißt »Paris erklingt«
der erste Kuss von dir
unter dem Portal
das ist Paris »Romance«
zwei Menschen, die sich drehen
und schauen auf Versailles
das ist Paris »La France«

die Zeit, die man vergisst
weil sie am Herzen frisst
das ist Paris »Die Hoffnung«
in einem Augenblick
spiegelt sich unser Glück
das ist Paris »Ganz nackt«
und nichts, kein Unterschied
trennt uns von unserm Lied
das ist Paris »Der Abend«
denn heute ist der Tag
wo du nicht »morgen« sagst
das ist Paris »Heut Nacht«
ein viel zu kleiner Raum
verwandelt einen Traum
das ist Paris »Wir beide«
dein Blick, voll Zärtlichkeit
macht alle Enge weit

das ist Paris »Dein Gesicht«
um mit dir eins zu sein

nie mehr getrennt zu sein
das ist Paris »Wenn du mich willst«
vergessne Einsamkeit
denn morgen wird wie heut
Paris ist wunderbar

doch am Ende eines Lieds
am Ende des Chansons
da ist Paris ganz grau
der letzte Tag, ein Regentag
der mich nicht mag
Paris bleibt grau
die Gärten, die nichts ziern
die ihren Schmuck verliern
da ist Paris »Verdruss«
der Bahnhof, dein Adieu
der Schmerz raubt alle Näh
das ist Paris »Der Schluss«

aus den Augen, aus dem Sinn
vertrieben aus dem Paradies
das ist Paris »Der Kummer«
doch dann ein Brief von dir
du schreibst, du kommst zu mir
das ist Paris »Vielleicht«
ein Vogel, der die Flügel hebt
ein Herz, das wieder schlägt
das ist Paris »Auf dem Weg«
und ich, der alles wagt
und du, die morgen sagt
komm
Paris
ich bin wieder da

Originaltext: Jacques Brel
Übersetzung: Klaus Hoffmann

Die Marquesas

sie sprechen von dem Tod so wie von einer Frucht
sie schauen auf das Meer, wie man einen Brunnen ruft
die Frauen gehn lasziv unter dem großen Licht
auch wenn es keinen Winter gibt, der Sommer ist es nicht
der Regen kommt und geht und peitscht in tollen Böen
und weiße Pferde stehn und summen leis Gauguin
und keine Brise geht, denn es gibt keine Hast
auf den Marquesas

und Feuer steigen an, und Stille im Moment
der Mond rückt näher ran, da wo das Licht verbrennt
das Meer kommt unendlich, zerschmettert sich und geht
an Felsgestein und Riff, die namenlos bestehn
die Hunde bellen nicht, und Lieder büßen sie
ganz leicht im Pas de deux, es ist, als tanzten sie
die Nacht bleibt demütig und es bricht der Passat
auf den Marquesas

im Herzen lachen sie, ein Wort ist nur ein Blick
das Herz, ein Reisender, die Zukunft liegt im Augenblick
und Palmen ziehn vorbei, sie schreiben ein Poem
den Schwestern der Abtei, die werden es verstehn
und die Pirogen ziehn und die Erinnerung
wird was die Alten sehn und bleibt mir als Hoffnung
doch eines sag ich dir, Jammern brauchst du nicht
auf den Marquesas

Originaltext: Jacques Brel
Übersetzung: Klaus Hoffmann

Madeleine

heut warte ich auf Madeleine
ich habe ihr Flieder mitgebracht
ich bring ihr Flieder auch im Regen
damit Madeleine wieder lacht
heut warte ich auf Madeleine
wir nehmen dann die letzte Bahn
und essen Pommes bei Eugene
und Madeleine lacht mich an
Madeleine ist mein Advent
sie ist mein Amerika
ich sei für sie nur der »Kretin«
sagt jedenfalls Cousin Caspar
heut warte ich auf Madeleine
wir werden dann ins Kino gehn
dort sage ich zu ihr: »Je t'aime«
Madeleine findet das schön

sie ist mein ganzes Leben
sie ist so wunderbar
ich würd ihr alles geben
Madeleine, auf die ich wart, wart

heut warte ich auf Madeleine
auf den Flieder regnet es
all die Wochen gab es Regen
weil Madeleine mich vergisst
heut warte ich auf Madeleine
es ist für die Bahn zu spät
und sicher schließt man bei Eugene
ich sprech für Madeleine ein Gebet
Madeleine ist mein Horizont
sie ist mein Amerika
schmäht mich auch ihr Cousin Gaston
ich weiß, ich bin ihr nicht egal
heut warte ich auf Madeleine
uns bleibt ja noch das Nachtkino
dort sage ich zu ihr: »Je t'aime«
Madeleine mag das so
heut wartete ich auf Madeleine
ich gab den ganzen Flieder her
wie all die Wochen hier im Regen
Madeleine kommt nicht mehr

heut wartete ich auf Madeleine
die letzte Bahn ist auch schon weg
und sicher schließt man bei Eugene
ich rühre mich hier nicht vom Fleck
Madeleine ist meine Hoffnung
sie ist mein Amerika
sicher, sie ist noch so jung
sagt jedenfalls Cousin Caspar
heut wartete ich auf Madeleine
mit dem Kino ist es auch vorbei
ich bleib hier mit dem »je t'aime«
Madeleine gibt's nicht für zwei

morgen warte ich auf Madeleine
ich bring ihr wieder Flieder mit
wird es auch wie immer regnen
Madeleine kommt bestimmt
morgen warte ich auf Madeleine
wir nehmen dann die letzte Bahn
und essen Pommes bei Eugene
und Madeleine lacht mich an
Madeleine ist mein Advent
sie ist mein Amerika
ich sei für sie nur der »Kretin«
sagt jedenfalls Cousin Caspar
morgen warte ich auf Madeleine
wir werden dann ins Kino gehn
dort sag ich zu ihr: »Je t'aime«
Madeleine findet das schön

Originaltext: Jacques Brel
Übersetzung: Klaus Hoffmann

Totentango

ah, ich kann sie ja schon sehn
wie sie mich innig küssen
als wär's der letzte Bissen
und jedes Wort verstehn
kommt der Tod schon bald
geht der Tod schon bald
ist er vielleicht noch warm
ist er vielleicht schon kalt
sie kramen in den Schränken
klaun mir das Porzellan
bedienen sich der Tränke
und grabschen alles an
und freun sich meiner Sünden
der Briefe einer Nacht
die sie am Feuer finden
ich hör schon, wie man lacht
ha, ha, ha, ha, ha, ha, ha, ha

ach, ich kann sie sehn
wie sie innig fristen
wie hungernde Artisten
hinter meinem Kasten blühen
und wie sie alle drängeln
und wie sie alle quengeln
bloß um als der Traurigste
ganz vorn am Grab zu stehen
sie bringen alte Frauen
die mich niemals gekannt
und kommen mit den Kindern
die man vor mir gewarnt
und starren auf die Blumen
und finden, dass es stinkt
nicht schon im März zu sterben
wenn man vom Flieder singt
ha, ha, ha, ha, ha, ha, ha, ha

ah, ich kann sie sehn
die lieben falschen Freunde
wie sie sich trauernd beugen
um zu verstehn
ah, ich kann dich sehn
deine Tränen sehn
zu traurig, zu gemächlich
wirst du in Schleiern gehen
denn du wirst es nicht wissen
wenn du vom Friedhof gehst
dass du mit dem Gewissen
in deine Hölle ziehst
weil dir an deinem Arm
ein Irgendjemand klebt
nur so als »Kumpan«
ein Tränenmeer bewegt
ha, ha, ha, ha, ha, ha, ha, ha

ah, ich kann mich sehn
ich werd für immer liegen
warum nicht mal die Fliegen
an meine Knochen gehn
ah, ich kann mich sehn
ich seh mich schon am Ende
der Reise ohne Wende
ich werd sie nüchtern gehn
doch man besitzt die Frechheit
von mir noch zu verlangen
nie mehr nach Mädchenwangen
und nach 'nem Rock zu sehn
nur noch Wasser zu trinken
zu geizen bis zum Stinken
zu schreien: »Es lebe dieses Land!«
mit 'ner Makrele in der Hand
ha, ha, ha, ha, ha, ha, ha, ha

Originaltext: Jacques Brel
Übersetzung: Klaus Hoffmann

Die Spießer

das Herz ist angewärmt
mit den Augen im Bier
bei der dicken Adrienne de Montalant
mit meinem Freund Jojo
und meinem Freund Pierre
versoffen wir unsere 20 Jahr
Jojo, der hielt sich für Voltaire
und Pierre für Casanova
und ich, der Arroganteste von uns
ich, ich hielt mich nur für mich
und wenn um Mitternacht, wie im Gänse-
   marsch
die Notare kamen vom Hotel
   »Zum Goldfasan«
denen zeigten wir den Arsch
höflich, wie wir warn
und fingen an

ja, die Spießer um uns herum
sind wie die Schweine, fett und gefräßig
ja, die Spießer um uns herum
sie werden zwar älter, doch bleiben sau …

das Herz ist angewärmt
die Augen sind im Bier
bei der dicken Adrienne de Montalant
mit meinem Freund Jojo
und meinem Freund Pierre
verbrannten wir unsere 20 Jahr
Voltaire tanzte wie unser Pfarrer
und Casanova konnte nicht
und ich, der Arroganteste von uns
ich war fast so besoffen, so wie ich
und zu Mitternacht kamen wieder forsch
die drei Notare aus dem »Goldfasan«
denen zeigten wir den Arsch
höflich, wie wir warn
und sangen dazu

das Herz ist ausgeruht
der Blick ruht würdevoll
in der Bar vom »Hotel Goldfasan«
mit Maître Jojo
und mit Maître Pierre
vertreiben wir uns unsere Zeit
Jojo zitiert etwas »Voltaire«
und Pierre den Casanova
und ich, der Arroganteste von uns
ich, ich zitier natürlich nur mich
und nach Mitternacht
Sie glauben's nicht, Herr Kommissar
da spazieren wir noch an der »Marsch«
da zeigen ein paar Jungs
uns einfach den Arsch
und singen dazu

ja, die Spießer um uns herum
sind wie die Schweine, fett und gefräßig
Herr Kommissar
ja, die Spießer um uns herum
sie werden zwar älter
doch bleiben saudumm

Originaltext: Jacques Brel
Übersetzung: Klaus Hoffmann

Wenn die Flämin tanzt

wenn die Flämin tanzt, dann sagt sie nichts
sie spricht kein Wort, es ist doch Sonntag
wenn die Flämin tanzt, dann sagt sie nichts
die Flämin ist nicht redselig

denn sie tanzt, weil sie schon zwanzig ist
und mit zwanzig, da verlobt man sich
und wer verlobt ist, der kann heiraten
man macht Kinder, wenn der Hafer sticht

das sagten ihre Eltern schon
so tönte es von allen Kanzeln
der Herr Pfarrer sprachs, der Gottes Sohn
und das ist der wahre Grund, warum sie tanzt

wenn die Flämin tanzt
die Flämin tanzt
die Flämin
Flämin
Flämin tanzt

wenn die Flämin tanzt, dann spürt sie nichts
dann rührt sich nichts, es ist doch Sonntag
wenn die Flämin tanzt, dann spürt sie nichts
die Flämin ist nicht rührselig

denn sie tanzt, weil sie schon dreißig ist
und wenn man dreißig ist, dann zeigt man sich
man zeigt, wie gut man Mutter ist
und wie der Hafer auf den Feldern sticht

so stolz sind ihre Eltern schon
es tönt bereits von allen Kanzeln
der Herr Pfarrer siehts, der Gottes Sohn
und das ist der wahre Grund, warum sie tanzt

wenn die Flämin tanzt
die Flämin tanzt
die Flämin
Flämin
Flämin tanzt

wenn die Flämin tanzt, dann lacht sie nicht
sie lächelt nicht, denn es ist Sonntag
wenn die Flämin tanzt, dann lacht sie nicht
sie macht sich doch nicht lächerlich

denn sie tanzt, weil sie schon siebzig ist
und wenn man siebzig ist, dann zeigt man sich
dass es gut geht und man Oma ist
und wie schwer im Kreuz der Hafer sticht

Schwarz trugen ihre Eltern schon
und schwarz tönt es von allen Kanzeln
der Priester schwärzt, wie Gottes Sohn
sie erben, das ist Grund zum Tanzen

wenn die Flämin tanzt
die Flämin tanzt
die Flämin
Flämin
Flämin tanzt

wenn die Flämin tanzt, dann wankt sie nicht
sie wird nicht weich, es ist doch Sonntag
wenn die Flämin tanzt, dann wankt sie nicht
denn die Flämin ist nicht zimperlich

denn sie tanzt, weil sie schon hundert ist
und wenn man hundert ist, dann zeigt man sich
dass alle sehn, wie gut zu Fuß man ist
und wie der Hafer auf den Feldern sticht

bald folgt sie ihren Eltern schon
und betet dankbar zu den Kanzeln
zum Pfarrer, dem Herrn Gottes Sohn
und wird zum letzten Male tanzen

wenn die Flämin tanzt
die Flämin tanzt
die Flämin
Flämin
Flämin tanzt

Originaltext: Jacques Brel
Übersetzung: Klaus Hoffmann

Die Bonbons

Ich bins und bring Ihnen Bonbons
weil Blumen so vergänglich sind
und nichts schmeckt so gut wie Bonbons
obwohl auch Blumen sehr schön sind
vor allem im Geschenkkarton
aber ich bring Ihnen Bonbons

ich hoffe, wir gehen dann ein Stück
Ihre Frau Mutter wirds sicher verstehn
wir schauen, wo die Züge gehn
um acht Uhr bring ich Sie zurück
am schönsten Tag dieser Saison
und ich bring Ihnen die Bonbons

Sie wissen nicht, wie stolz ich bin
Sie mit mir und wir Arm in Arm
die Leute haben nichts im Sinn
sie lachen mich so hämisch an
das ist eine Provokation
ich geh mit den Bonbons

Oh, ja! Germaine ist nicht so gut
Oh, ja! Germaine ist nicht so schön
es stimmt, Germaine, und dieser Hut
es stimmt, Germaine, zum »Übersehn«
Sie haben Recht, eine »Person«
ich trage Ihnen die Bonbons

jetzt sind wir auf »Brüssels Thron«
im Pavillon spielt man Chagall
doch sagen Sie, ist das Zufall
ist das nicht Ihr Freund Leon?
wenn Sie es wünschen, geh ich schon
ich brachte Ihnen die Bonbons

Na dann, »GutenTag, Mademoiselle Germaine!«

Originaltext: Jacques Brel
Übersetzung: Klaus Hoffmann

200

Hoffmann – Berlin

das war die Zeit, als Berlin berlinierte
das war die Zeit, als Berlin noch brillierte
mein Opa trug 'n Gehrock und Melone und
   'n Stock
meine Oma ging in Schwarz mit viel Wäsche
   unterm Rock
das war die Zeit, als Berlin noch ganz stand
das war die Zeit, als Berlin sich erfand
und auf dem Spittelmarkt gab's noch keen
   Herzinfarkt
denn der Verkehr war noch ruhig und matt
und auch bei Wertheim konnt nischt verkehrt
   sein
da gab es alles, was 'ne Welt zu bieten hat

und unter grünen Linden
da konnten sie sich finden
die Herren grüßten zackig, hahaha
die Damen waren knackig, hahaha
und weil sie so frei warn
Jefühle ooch dabei warn
kniete sich Opa vor meine Oma hin
und knarrte: »Gestatten, Hoffmann, Berlin«

das war die Zeit, als Berlin berlinierte
das war die Zeit, als Berlin explodierte
die Blumen koofte man uffm Leipziger Platz
und im »Nussbaum« uffm Krögel trank man
   Kaffeeersatz
das war die Zeit, da hat Berlin sie verführt
das war die Zeit, da hat Berlin sie berührt
und mein Großvater, der war ein Hutmacher
wie aus'm Ei jepellt, von Kopp bis zum Zeh
denn auf der Leipziger war man nicht geiziger
als in Paris uffm Changselisee

doch konnte man nischt koofen
dann jing man einfach schwoofen
man freute sich wie Bolle, hahaha
und sonntags gabs 'ne Molle, hahaha
auch wenn det Leben schwer war
mein Opa ein Charmeur war
sein Spruch war simpel: »Kieken se rin
hier werden sie behütet

von ›Hoffmann, Berlin‹«
das war die Zeit, als Berlin berlinierte
das war die Zeit, als Berlin sich regierte
Unter den Linden paradierte eine neue Zeit
und die Männer schwenkten Hüte vor dem
   Dritten Reich
das war die Zeit, wo Berlin sich vergaß
das war die Zeit, wo Berlin nischt besaß
und mein Opapa hielt meine Omama
und sie sagten, die Welt ist ja verrückt
und als mein Vater kam, wurd's meinem Opa
   warm
»uns is wat bleibendet, lebedijet geglückt«

sterben is det Schwerste
sagte Wilhelm der Erste
doch der Berliner jibt nicht uff, hahaha
det liegt wohl an der Luft, hahaha
mein Opa schrieb dem Kaiser
auch Winde werden leiser
wird sich auch alles drehn
man kann das Arschloch sehn

das war die Zeit, als Berlin berlinierte
das war die Zeit, als Berlin noch brillierte
mein Vater trug 'n Anzug und 'n Hut und 'n
   Stock
meine Mutter wurde blond und trug 'n
   kurzen Rock
das war die Zeit, als Berlin noch fast stand
das war die Zeit, als Berlin sich erfand
und der Spittelmarkt bekam 'nen Herzinfarkt
denn der Verkehr war nun heftig und satt
nun sollte Wertheim plötzlich verkehrt sein
nun gab die Welt, was 'ne Welt zu bieten hat

und unter grünen Linden
da konnten sie sich finden
die Herren grüßten zackig, hahaha
die Damen waren knackig, hahaha
und weil sie so frei warn
Jefühle ooch dabei warn
kniete sich Papa vor meiner Mama hin
sagte: »Gestatten, Hoffmann, Berlin«

Der dicke Junge

ich hätte nie gedacht, dass ich die alten Straßen
meiner Kinderfilme noch mal wiederseh
wo wir schon morgens auf den Treppenstufen saßen
und wo noch heute Schüler in die Schule gehn
ich weiß nicht, was mich an dem Jungen interessierte
den ich dort in dem offenen Schulhof stehen sah
was mich so augenblicklich an ihm faszinierte
er war ein Junge, er war ganz einfach da

der Junge war dick
der Junge war nett
vielleicht etwas wabbelig
aber nicht fett
er stand in der Einfahrt
ein einsamer Held
so traumverloren
in 'ner eigenen Welt

der Junge war still
nicht faul
so 'n richtiges Geheimnis
mit 'ner Schrippe im Maul
und als ich vorbei will
da schaut er mich an
und ich hör ihn singen
denn der Junge, der sang

mal den Himmel an
häng 'ne Wolke ran
pflanz dir einen Rasen in Grün
leg dich im Traum
unter 'nen Baum
und gib dich den Bildern hin
schick 'ne Sonne hinauf
und dann warte auf einen Stern
findet doch jemand her

fahr mit ihm übers Meer
dann hat dich die Welt wieder gern

er hatte Ähnlichkeit mit einem, den ich kannte
hieß er nicht Jochen oder Meyer oder Koch
da war mein Schulhof und da stand die grüne Bank
plötzlich kam ein altes Foto in mir hoch
es ist doch längst vorbei, es ist doch längst gegessen
der ganze Kinderbrei, der macht mir nichts mehr aus
und doch, seit jenem Tag, ich kann ihn nicht vergessen
denn sein Gesicht will einfach nicht mehr aus mir raus

der Junge war dick
der Junge war nett
vielleicht etwas wabbelig
aber nicht fett
sie nannten ihn Blümchen
er sah alles grün
er hatte nur Filme
und Geschichten im Sinn

der Junge war still
aber sicher nicht faul
so 'n echtes Geheimnis
mit 'ner Schrippe im Maul
und in unserm Schulhof
da gab's eine Bank
da sah man ihn sitzen
denn der Junge, der sang

Daran wird gebaut

der Aufzug hält nur in der Beletage
die anderen sind leider längst gesperrt
doch in der wunderschönen Beletage
da gibt es alles, was ihr Herz begehrt

zeigen auch die Wände Wasserflecken
wellen sich auch die Bretter vom Parkett
biegen sich die Balken und die Decken
rieselt schon der Putz aufs Wasserbett

daran wird gebaut
daran wird gebaut
wir haben keine Zeit, das Material wird uns vom Hof geklaut
daran wird gebaut
daran wird gebaut
die Zeiger von der Uhr sind schon geklaut

kommen Sie, verehrte Signorina
wir sind international belegt
die Beletage bürgt für prima Klima
was hier so staubt, das wurde frisch gesägt

schlabbern schon die Würmer in den Kissen
meldet sich auch erster Schimmel an
tanzt der Grind auf Terrakottafliesen
tropft es braun aus jedem Wasserhahn

fährt der Aufzug täglich immer schneller
rumpelt es auch mächtig im Beton
stürzen die Bilanzen in den Keller
will auch der Polier schon vom Balkon

Die Tage der Ente

und allet hetzt und wetzt und rennt
alle rasen, nicht zu fassen, keener pennt
wat is nur los, ja, wohin laufen die nur
jibt's wat umsonst oder wat kaufen die nur

allet reizt und heizt und schwitzt
alle drängeln, alle quängeln, allet flitzt
alle hecheln, alle röcheln, alle hetzen durch
   die Stadt
wo det letzte Hemd doch keene Taschen hat

det haben wa vadient, vadient, vadient
wir haben det janze Jahr jesühnt
die Zeit nagt wie ein Magengeschwür
man fragt sich ernsthaft, wofür leben wir

det haben wa vadient, vadient, vadient
Berlin wird noch berühmt
jetzt kommen die Tage der Ente
die haben wir uns redlich verdient

und alle klappern und alle schnattern
alle klotzen mächtig ran, es ist zum sabbern
was für ein Fieber liegt auf dieser Stadt
von unsichtbarer Kraft dreht sich das Rad

ohne Pause, janz wie zu Hause
ist jeder Tag und Nacht uff Sause
Hinz und Kunz bescheißen sich den Wanst
alle hoffen uff 'ne goldne Freilandgans

und allet stiert und schmiert und rührt
alle geiern, alle eiern, allet giert
was is nur los, ja, wohin glotzen die so
heb dir 'n Bruch, Mensch, warum motzen
   die so

und dann fressen wir und dann vergessen
   wir
wie es war, wie es wird, wie es ist
wir verkaufen unsern Griesgram
und versaufen unsern Größenwahn

und dann verdauen wir und dann erbauen
   wir
uns an uns selbst und sind bedient
jetzt kommen die Tage der Ente
die haben wir uns redlich verdient

und allet hetzt und wetzt und rennt
alle rasen, nicht zu fassen, keener pennt
wat is nur los, ja, wohin laufen die nur
jibt's wat umsonst oder wat kaufen die nur

allet reizt und heizt und schwitzt
alle drängeln, alle quängeln, allet flitzt
alle hecheln, alle röcheln, alle hetzen durch
   die Stadt
wo det letzte Hemd doch keene Tasche hat
und alle hecheln, alle röcheln, alle lächeln so
   gequält
denn die Tage der Ente sind gezählt

Sie

sie, das ist die schönste Melodie
der Anfang einer Symphonie
ein Vers, gemalt aus alten Runen

sie, das ist das Dorf, aus dem sie stammt
ein manchmal traurig Kinderland
ein buntes Kleid mit wilden Blumen

sie, die ungebremste Heiterkeit
gepaart mit Unbestechlichkeit
das Mädchen mit den großen Augen

sie, das Kind, das nicht so viel bekam
und sich die Welt von selber nahm
ich glaube, so ist sie

sie, wer sie auch ist, ich weiß es nicht
wohl ein verschlüsseltes Gedicht
es lässt sich nicht so leicht ergründen

sie, vom Vater hat sie wohl die Wut
und von der Mutter wohl das Blut
und das zusammen kann gut zünden

sie, mal Clown, dann wieder königlich
sie trägt so vieles im Gesicht
sie ist ein Bild aus vielen Bildern

sie, die Zauberin, der ich vertrau
doch immer wieder, immer Frau
ich glaube, so ist sie

ich würd sie unter Tausenden erkennen
ihr Name steht in meiner Hand
Alexandria oder Babylon
komisch, manchmal denk ich schon
wir haben uns schon vor der Zeit gekannt

sie, das ist die schönste Melodie
der Anfang einer Symphonie
und dieses Lied wird niemals enden

sie, mein »Lebenslang«, mein »Augenblick«
mein »Immer« und mein »Nie zurück«
wir werden alle Zeit verschwenden
ich weiß, wenn wir mal zittrig sind
und jedes Bild von uns verschwimmt
wir sehen uns mit anderen Augen

sie, das ist mein Traum und Wirklichkeit
wenn sie nur immer bei sich bleibt
ich glaube, so ist sie

Die Antwort

aufm Kaiserdamm liegt Schnee
und das Denken tut mir weh
ich folge meinen Füßen
und ich weiß nicht, was ich will

es will aus meinem Kopf nicht raus
ich kenn mich einfach nicht mehr aus
ich würd zu gerne wissen
doch ich denke viel zu viel

warum fehlen mir alle Tassen
warum lass ich mich im Stich
warum hab ich mich verlassen
wovon ernähr ich mich

da muss 'ne Antwort sein
irgend'ne Antwort sein
da muss 'ne Stimme sein
sonst geht es nicht
da muss 'ne Antwort sein
irgend'ne Antwort sein
ich bin wohl der Einzige
der jetzt mit mir spricht

ich treib ab und ich verlier
ich prüf das Für und Für
ich starr mich an wie einen Affen
und kenn mich nicht

ich hangel mich von Haus zu Haus
knips mir die Lichter aus
ich weiß, ich kann es schaffen
ich glaub's mir nicht

Treppe ruff, Treppe runter

(Duett für Harald Juhnke)

Treppe ruff, Treppe runter, Treppe ruff
mal der Himmel, mal die Hölle, dann die
   Gruft
willste hoch, fällste runter
steigste ab, fällste uff
Treppe ruff, Treppe runter, Treppe ruff

Treppe ruff, Treppe runter, Treppe ruff
so geht es lebenslang, ein echter Bluff
ja das Leben ist 'ne Segnung
man ist ständig in Bewegung
Treppe ruff, Treppe runter, Treppe ruff

das Leben ist herrlich
und janz schön gefährlich
aber mal ehrlich
selten entbehrlich

man bleibt nicht uffm Boden
man will instinktiv nach oben
der Mensch ist bestrebt
dass er was Höheres erlebt

doch es ist komisch
janz schön ironisch
und jar nicht harmonisch
nein, eher sehr sardonisch

biste oben angelangt
fängste unten wieder an
da ist wat Göttliches, was lenkt
auch wenn man sich den Hals verrenkt

Treppe ruff, Treppe runter, Treppe ruff
mal der Himmel, mal die Hölle, dann die
   Gruft
hebste ab, fällste runter
knallste runter, fällste uff
Treppe ruff, Treppe runter, Treppe ruff

Treppe ruff, Treppe runter, Treppe ruff
so geht es lebenslang, ein echter Bluff
man ist ständig in Bewegung
noch dazu an schlechter Luft

Treppe ruff, Treppe runter, Treppe ruff
ach, das könnte schön sein
und so bequem sein
ein Häuschen mit Garten
und nischt mehr erwarten

doch kaum sitzte fest
gibt die Ruhe dir den Rest
man sucht nach einem Vorwand
und will weiter an der Wand lang

es wär zu einfach
ach, viel zu einfach
so ohne »Marsch, Marsch …«
so still uffm Ar … m

doch der Mensch hat das Bestreben
etwas Höheres zu erleben
so verbringt er seine Zeit
in verbissner Emsigkeit

Treppe ruff, Treppe runter, Treppe ruff
mal der Himmel, mal die Hölle, dann die
   Gruft
willste hoch, fällste runter
steigste ab, fällste uff
Treppe ruff, Treppe runter, Treppe ruff

Treppe ruff, Treppe runter, Treppe ruff
so geht es lebenslang, ein echter Bluff
ja das Leben ist 'ne Segnung
man ist ständig in Bewegung
Treppe ruff, Treppe runter, Treppe ruff

und biste oben angelangt
fängste unten wieder an
Treppe ruff, Treppe runter, Treppe ruff

Mein Hund ist schwul

mein Hund ist schwul
mein Hund ist schwul
ich entdeckte es heut Früh an seinem Stuhl

er ist einfach nicht barbarisch
er frisst heimlich vegetarisch
knabbert Kekse und gibt sich somnambul
mein Hund ist schwul
mein Hund ist schwul

dabei wurde er als Schweinehund geboren
Rüde durch und durch, gemacht für einen
    Sieg
schrie ich: »Fass ihn, Hannes«, spielten
    seine Ohren
doch jetzt hört er nur noch klassische Musik

er sitzt da, den ganzen Tag, und schaut zur
    Decke
manchmal seufzt er tief, ich glaub, der Junge
    trinkt
ich hab gar nischt gegen 'ne verpupte Zecke
aber sahn sie mal 'nen Schweinshund ge-
    schminkt

woher er das hat
den Kerl mach ich platt
das ist nicht normal
er treibt es anal

mein Hund ist schwul
mein Hund ist schwul
innen heiß, aber nach außen ist er cool

mich täuscht er nicht, die kleine Tunte
ich weiß Bescheid, ich riech die Lunte
erwisch ich ihn, denn hau ich ihn vom Stuhl
mein Hund ist schwul
mein Hund ist schwul

Schuld daran ist nur der Dobermann vom
    Nachbarn
das ist 'n Denker und der hat ihn sich gekrallt
der liegt den ganzen Tag herum, ein echter
    Flachmann
und in diese Flasche hat er sich verknallt
muss er raus, dann trägt er nur noch bunte
    Leibchen
Mensch, du Schweinehund, ist das der
    ganze Lohn
dafür hab ich dich getrimmt, auf Blut und
    Weibchen
ich glaub, ich schick ihn in die Fremdenlegion

doch da wird er versaut
er is zu gut gebaut
dann soll er sich schminken
bloß nicht, im Sitzen pinkeln

mein Hund ist schwul
mein Hund ist schwul
ich geb mir Mühe, doch er lebt im Sünden-
    pfuhl

vielleicht kommt er in die Jahre
sicher färbt er sich die Haare
er sammelt Seife und schwärmt für Peter
    O'Toole
mein Hund ist schwul
mein Hund ist schwul

aus einem Killer wurde über Nacht 'ne
   Schwuchtel
es kommt so weit, und ich muss ihm noch
   apportiern
will ich jagen, will er übern Kudamm schuch-
   teln
was soll ich tun, ich folge ihm auf allen viern
ich hab mein Herz an einen Schweinehund
   verloren
er ist ein Rüde und gemacht für einen Sieg
doch mittlerweile scheint er mir wie neuge-
   boren
gestern sah ich, wie ein Pudel ihn bestieg

was mach ich bloß
er will uffn Schoß
ich pass mich an
von Mann zu Mann

mein Hund ist schwul
mein Hund ist schwul

Wenn sich alles dreht

er geht noch mal zurück, schaut in den
   Spiegel
er sieht noch einmal in sein Clownsgesicht
beim ersten Mal war es ein echter Donner-
   schlag
und dieses erste Mal vergisst er nicht

da waren der Geruch und die Gesichter
die Stille vor dem Nichts war ihm nicht
   fremd
und wie als Kind genießt er diesen Augenblick im Licht
den nur einer versteht, der ihn auch kennt

wenn sich alles dreht
wenn's wie von selber geht
wenn sich der Vorhang hebt
und nichts mehr weiter fehlt
wenn sich alles dreht
wenn's wie von selber geht
wenn sich der Vorhang hebt
und jeder Kummer geht

dann sagt er die drei Worte
er sagt sie wunderbar
so wie damals als Kind
als alles offen war
wenn sich alles dreht

was ist ein Land, was eine Insel
was ist ein Berg, was ist ein Tal
hängt mir nur einen alten bunten Lappen hin
dann zeig ich euch den Karneval

ich sah das Meer, ich sah die Farben
ich sah dem Himmel und der Hölle mitten
   ins Gesicht
lasst mich noch einmal hier auf diese Bretter
   gehn
im schönsten Augenblick, im Licht

wenn sich alles dreht
wenn's wie von selber geht
wenn sich der Vorhang hebt
und nichts mehr weiter fehlt
wenn sich alles dreht
wenn's wie von selber geht
wenn sich der Vorhang hebt
und jeder Kummer geht

sag mir die drei Worte
sag sie mir und dann
endet, was verloren ist
und fängt aufs Neue an

ich sah das Meer, ich sah die Farben
ich sah dem Himmel und der Hölle mitten ins Gesicht

Aber morgen

mein Gepäck aus alter Zeit
liegt für die große Fahrt bereit
wie an Weihnachtstagen ist das Kind
für Überraschungen bereit
man sagt in einem leeren Raum
beginnt ein unsterblicher Traum
kein Weg war mir zu weit
kein Ozean war mir zu breit

die Taschen sind gepackt
die Papiere eingesackt
beschriftet und besehen
als würd es nach Brasilien gehen
ich war das Kind, das auf Termin
auf jedem Busbahnhof erschien
ich konnt es einfach nicht erwarten
nach Langeoog hinaus zu starten

aber morgen
werd ich meinem Herzen folgen
werde irgendwohin gehen
und völlig anders leben
aber morgen
werd ich meiner Stimme folgen
werde mich nicht mehr umdrehn
ich werd mit irgendwem nach irgendwohin gehn

gestern hab ich nichts gedacht
hab meine Zweifel ausgelacht
ein paar Fragen angerührt
mich für die Reise motiviert
man sagt, an einer großen Pflicht
hängt meist ein bleiernes Gewicht
ich war das Kind, das immer blieb
auch wenn man es vom Hof vertrieb

heute hab ich nur geträumt
bin innerlich herumgestreunt
hab mir die Karten angeschaut
einen Wunschzettel gebaut
Marokko, Bali, Vietnam
wie oft lief ich die Plätze an
ich war das Kind, das immer kam
war da nur ein vertrauter Arm

Man vergisst nichts

die Stadt versinkt und ihre Farben
spiegeln wie Wasser in der Nacht
ein Stück Papier, ein offnes Fenster
hier hab ich meine Zeit verbracht

der alte Weg, dann bis zur Pumpe
täglich übern Kreidestrich
als Kind tuts gut, sich zu verirren
man wirkt erst später lächerlich

der Blätterwald, der bunte Schlosspark
die letzte Rettung, immerhin
das erste Mal, an grauer Hauswand
zitternd vor Glück, mit weichen Knien

das Kino der geborgten Bilder
die Filme für die wache Nacht
ich weiß nicht, was war mir das Schönste
was hat am meisten Spaß gemacht

man vergisst nichts
nichts
keine Stimme
kein Gesicht
nicht die Kindheit
nicht die Fragen
man sieht sie nur anders an

man vergisst nichts
nichts
keine Nacht
und kein Gesicht
die Gerüche
und die Farben
man gewöhnt sich nur daran

mein Kinderbuch mit sieben Siegeln
es ist geschrieben und es bleibt
solang ich träumen kann und lieben
der allerschönste Zeitvertreib

immer suchten wir den Anfang
immer fanden wir nichts mehr
als dieses »Junge, mach mal halblang«
und alle sehnten sich so sehr
man weiß als Kind um jede Wahrheit
man sieht es, wie es wirklich ist
nur mit der Zeit geht man auf Abstand
damit man nicht verletzbar ist

die Stadt erblüht und neuer Morgen
löscht mir die Feuer einer Nacht
hey, Fremder, sag, was war das Schönste
was hat am meisten Spaß gemacht

Schisslaweng

was für ein Tag
wie ich ihn mag
wird es auch vom Himmel wie aus Kübeln
   regnen

mir ist es gleich
ich fühl mich so reich
mein Herz will heute unbedingt dem Zufall
   begegnen

solln doch die Leute
es auch nicht verstehn
warum es mich freut, durch die Pfützen zu
   gehn

ich dreh mich nicht um
ich schau nicht zurück
ich klau mir ein Stück vom großen Glück

was für ein Tag
wie ich ihn mag
der Regen fällt und wird mir meine Blumen
   küssen

ich sing ein Lied
mein schönstes Lied
Kinderlachen werd ich zu schätzen wissen

schaun auch die Leute
es ist mir egal
ich trag meine Hoffnung im Futteral

ich dreh mich nicht um
ich schau nicht zurück
ich springe durch die Pfützen und klau mir
   das Glück

Schisslawengdingeldongeldongeldingeldeng
Schisslawongdingeldongeldingeldo
heute bin ich vielleicht traurig, aber morgen
   wieder froh

Schisslawengdingeldongeldongeldingeldeng
Schisslawengdingeldongeldingeldo
heute bin ich vielleicht traurig, aber morgen
   wieder froh

was für ein Tag
wie ich ihn mag
Regen wird meine Füße heben

ich bin allein
ich kann es auch sein
immer wird es eine Antwort geben

schaun auch die Leute
ich lache sie an
sie grüßen zurück und wir gehen zusammen

irgendwohin
mir ist es gleich
der Tag beginnt und der Regen fällt leicht

Stadt ohne Namen

das Erste, was ich las
warn ein paar Worte an der Wand
»wo nichts mehr geht, fängt alles an«

Bettler hatten diesen Spruch
ins Mauerwerk gebrannt
ich glaube nicht, dass ich verstand

du hast sie überlebt
die schweren Zeiten
sahst Kaiser, König, Bettelmann

doch wenn das Morgenlicht
über deine Dächer kriecht
dann weiß ich, was mit dir begann

Stadt ohne Namen
so hab ich dich als Kind genannt
egal, wohin ich ging
wohin ich mich verfing
mit dir fing alles an

Stadt ohne Namen
so hab ich dich als Kind genannt
du warst so abgebrannt
und ich lief an deiner Hand
»wo nichts mehr geht, fängt alles an«

die Zauberformel
hieß Dreilinden
die einen wollten rein, die anderen raus

der 13. August
machte mit der Hoffnung Schluss
doch auch die große Mauer hielst du aus

der Wind weht noch
durch deine Straßen
er treibt die alten Geister raus

was von den Steinen bleibt
wiegt keine Ewigkeit
offene Stadt, hol mich nach Haus

was mich für immer an dich band
war ein Spruch an deiner Wand
»wo nichts mehr geht, fängt alles an«

Melancholia

da war ein Fluss
da stand ein Baum
da spielten Kinder im Geäst
sie waren Fremde
und sie feierten das Leben

ein Brauch besagt
gib ihm
und sei es auch der letzte Rest
teile es
er wird es weitergeben

und du warst schwarz
und ich war weiß
und du warst Jud
und ich war Christ
wir waren Reisende
wie ungleiche Planeten

doch was sie gaben
es war klar
es war nicht viel
doch es gebar
denselben Geist
aus unseren Gebeten

ist diese Zeit schon längst vorbei
hab ich das alles wirklich nur geträumt
Melancholia
Melancholia
ist dieser Traum schon längst vorbei

gibt es die Zeit längst nicht mehr
wir hatten alles und wir gaben alles her
Melancholia
Melancholia
gibt es den alten Traum nicht mehr

da war ein Tal
ein grünes Tal
da liefen Kinder in den Tag
sie hatten einen Traum
vom Teilen und vom Lindern

die Schrift besagt
trau ihm
als wäre er dein bester Freund
du wirst in seinen Augen Frieden finden

wir waren jung
wir waren reich
wir teilten Brot und Fleisch und Fisch
und unsre Tränen wurden
nie, niemals zu Steinen

was wir auch waren
ob Christ
ob Heide
ob Buddhist
der große Geist
ließ alles Leben einen

ist diese Zeit schon längst vorbei
hab ich das alles wirklich nur geträumt
Melancholia
Melancholia
ist dieser Traum schon längst vorbei

gibt es die Zeit längst nicht mehr
wir hatten alles und wir gaben alles her
Melancholia
Melancholia
gibt es den alten Traum nicht mehr

Mein ist nur der Sonnenschein

hörst du, was der Vogel singt
uns gehört der Morgen
weißt du, was der Abend bringt
sternenklare Nacht

mein ist nur der Sonnenschein
was ich habe, was ich bin
das ist längst vollbracht

gib mir deine Hand
komm zu mir an Land
wir werden wie die Kinder sein
mit dir geh ich über Stock und Stein
mein, mein, mein, ist nur der Sonnenschein
mein, mein, mein, ist nur der Sonnenschein

was bleibt, wenn heut der Abend geht
was bleibt von all den Sachen
hab mich so nach dir gesehnt
nach Vogelsang und Meer

mein ist nur der Sonnenschein
komm hinauf zum Zauberberg
fliegen ist nicht schwer

mach dein Licht jetzt an
dass ich sehen kann
wohin unsere Reise geht
und dann fang ich dir die Liebe ein
mein, mein, mein, ist nur der Sonnenschein
mein, mein, mein, ist nur der Sonnenschein

Einsam sind alle Sänger

ich habe dir ein Lied gemacht
aus alten, dummen Träumen
ich stahl sie dir in jener Nacht
als du für immer gingst

und seitdem warte ich auf dich
und will es nicht versäumen
denn falls du doch noch wiederkommst
und mir die Liebe bringst

dann werd ich es dir singen
ich sing es nur für dich
und alle deine Wünsche werden wahr

und wie auf Vogelschwingen
hol ich sie dir ans Licht
und du bist mir so nah, bist mir so nah

einsam sind viele
das sind doch nur die Menschenspiele
unsre Liebe weiß der Abendwind

einsam sind alle Sänger
hab keine Angst, die Vogelfänger
schlafen schon, wenn wir zusammen sind

ich habe dir ein Nest gebaut
aus bunten, tollen Federn
ich habe sie dir weggeklaut
als du für immer gingst

und seitdem sitze ich hier rum
spiel auf der morschen Zeder
und warte, dass du wiederkommst
und mir die Liebe bringst

dann werd ich es dir singen
ein Lied aus alter Zeit
ein Lied so hell und klar, wie Sonnenlicht

und wie auf Vogelschwingen
im schönsten Federkleid
trage ich dein vertrautes Kindgesicht

einsam sind viele
das sind doch nur die Menschenspiele
unsre Liebe weiß der Abendwind

einsam sind alle Sänger
hab keine Angst, die Vogelfänger
schlafen schon, wenn wir zusammen sind

und ich werd singen wie ein Kind
bis wir beide glücklich sind

Ein Leben lang

Zeit
wie viel Zeit hab ich auf deinen Straßen
  verbracht
wie viele Sommer, wie viel' Winter, wie viel'
  Tag und Nacht
wie viel Zeit

und noch immer kleb ich an dir wie ein
  Affensohn
dein Gesicht hat sich verändert, doch was
  macht das schon
du siehst prima aus in deinem Kleid
wenn im Tiergarten die Blüten blühn
zur Frühlingszeit

ich hielt es schon als Kind bei dir so wenig
  aus
ich wollt nach vorn, zurück, nach Haus
Athen hatte ein goldnes Licht
doch Lissabon, was wollt ich da
ich weiß es nicht

und jetzt treib ich mich noch immer hier
  herum
auf deinen Plätzen und im Planetarium
ich öffne Türchen vom Kalenderjahr
was werden Kinder sonderbar
mit der Zeit

wer hat schon jemals gesagt
er bleibt ein Leben lang
ein Leben lang
ein Leben lang
jeder Tag mit dir
ist so wie ein Neuanfang
wer bleibt schon für immer
immer und immer
und singt auch noch Lieder von dir
Zeit

was sind schon Nepal und der Kyberpass
im Schlosspark schießt das erste Gras
du bist nicht Alexandria
wer bist du, die ich da von Kind auf sah

die Jungen stehen am Last-Minute-Haus
wie Kraniche wolln sie hinaus
dieselbe Sehnsucht und das Meer im Blick
sie suchen dich
doch jeder kommt einmal zu dir zurück

wer hat schon jemals gesagt
er bleibt ein Leben lang
ein Leben lang
ein Leben lang
jeder Tag mit dir
ist so wie ein Neuanfang
wer bleibt schon für immer
bei dir

wer hat schon jemals gesagt
er bleibt ein Leben lang
ein Leben lang
ein Leben lang
jeder Tag mit dir
ist so wie ein Neuanfang
wer bleibt schon für immer
immer und immer
und singt auch noch Lieder von dir
ein Leben lang

Sternenstaub

was ist es, das wie Schnee vom Himmel fällt
dies Lachen, das mir meine Nacht erhellt
Gesichter kommen, Bilder, die ich mag
Jahre seh ich wie ein Tag

ich weiß nicht, ist es Lüge oder Traum
das Mädchen dort, unterm Mandelbaum
im Zauberwald mit seiner Blütenpracht
was hält mich wach, die ganze Nacht

Sternenstaub
fällt in mein Herz
Sternenstaub
fällt in mein Herz

Worte falln mir ein wie buntes Blätterlaub
Stimmen hör ich, fremd und doch vertraut
was macht der Junge in der Dornenwand
was hält er für mich in der Hand

rufst du mich, hast du mich gemeint
ich habe viel zu wenig kindgeweint
ist das dein Buch, komm zeig es her
gleichgestellt sind Wind und Meer

Sternenstaub
fällt in mein Herz
Sternenstaub
fällt in mein Herz

ich seh die blaue Blume
sie blüht im grünen Gras
Zeit wird einerlei
ich denk mir nichts dabei
ich träume von dir und ich sehe was

was ist es, das mir heute Nacht erzählt
du hättest mir schon lange so gefehlt
hab ich dich in der Eile übersehn
was gibt es zu verstehn

wer bist du, Junge, der vom Himmel fiel
was willst du, warum änderst du mein Ziel
lockst du mich in das Feuerland
Grün sprießt aus der Dornenwand
Sternenstaub
fällt in mein Herz
Sternenstaub
fällt in mein Herz

Ich wär bereit

ach, wenn nur einer käm
vielleicht ein Feiner
ein Gemeiner
sicherlich
ein ganz Geheimer
wenn er käm
würd mich sehn
und würde sagen
kannst mich ruhig alles fragen
und verstehn
ich glaub, ich würde mit ihm gehn
ich würd nach seinen Sternen sehen
ich wär bereit

ach, wenn nur einer käm
vielleicht ein Krieger
oder Sieger
sicherlich
kein Überflieger
wenn er käm
würd mich sehn
und würde bleiben
könnt mich wie ich bin auch leiden
und verstehn
ich würd die Tänze lassen
das Händeln und das Hassen
ich wär bereit

ich wär bereit
mit ihm auf seinem Weg zu gehn
ich wär bereit
ihn wie ein Spiegel anzusehen
ich wär bereit
auch wenn es gilt
mich zu verlieren
ich wär bereit

ach, wenn nur einer käm
ein Größerer, ein Schönerer
ein Reicherer, ein Besserer
wenn er käm
würd mich sehn
und würde fragen
willst du diesen Spiegel tragen
und verstehn
ich geb dir meine Sternenzeit
du gibst mir deine Unvollkommenheit
ich wär bereit

ich wär bereit
mit ihm auf seinem Weg zu gehn
ich wär bereit
ihn wie ein Spiegel anzusehen
ich wär bereit
auch wenn es gilt
mich zu verlieren
ich wär bereit

Ich bin

lach ich, wein ich,
schlaf ich, wach ich oder träum ich
ist es Nacht oder schon Tag

ess ich, trink ich,
lauf ich, flieg ich oder sink ich
bin ich stark oder verzagt

und ich trage mein Gepäck
lass die schwersten Teile weg
hab mich viel zu lange festgehalten
an den morschen, alten Balken

ich bin, ich bin, ich bin
ich sprech es leise vor mich hin
ich würde so gern bleiben
doch ich kenn mich hier nicht mehr aus
anderswo bin ich zu Haus

kämpf ich, sieg ich
triumphier oder verlier ich
werd ich über Steine gehn

stech ich, schlag ich
wehr ich mich oder ertrag ich
werd ich mit der Liebe gehn

und ich seh die Leute stehn
wie sie ihre Spiele spieln
und ein Spiegel zeigt mir mein Gesicht
und ich sehe das alte Gewicht
ich bin, ich bin, ich bin
ich sprech es leise vor mich hin
ich würde so gern bleiben
doch ich kenn mich hier nicht mehr aus
anderswo bin ich zu Haus

ich will es nicht mehr tragen
das alte Gewicht
will nicht siegen, will nicht kriegen, will nicht
    fliehn
ich hör die Leute sagen
mit der Zeit ändert es sich
will die Liebe sehn
will die Liebe sehn

ich bin, ich bin, ich bin
ich sprech es leise vor mich hin
ich würde so gern bleiben
doch ich kenn mich hier nicht mehr aus
anderswo bin ich zu Haus

Wenn Malene träumt

wenn Malene träumt
träumt sie von ihren Blumen
die stehen vor dem alten Haus
und breiten ihre Blüten aus
und sie holt Wasser aus dem Brunnen
wenn Malene träumt

wenn Malene träumt
träumt sie von ihren Tieren
der große Hund wird bei ihr sein
die Katzen und ihr Lieblingsschwein
die werden sie nach Hause führen

dann geht sie fort
hinaus bis in den großen Wald
und nur der Wind darf sie berühren
wenn Malene träumt

wenn Malene träumt
träumt sie von einem Mädchen
dem ist im Sommer bitterkalt
das hat sich einen Fluss gemalt
der weiß den Weg aus ihrem Städtchen
wenn Malene träumt

wenn Malene träumt
dann wird sie niemand finden
sie kennt ein so gutes Versteck
dort unterm Busch, da ist sie weg
und davon wissen nur die Linden

dort kann sie sehen
was immer sie auch sehen mag
und alles wird sich finden
wenn Malene träumt

Schenk mir diese Nacht

(Mit Reinhard Mey)

aus den Fenstern dringt Gelächter
und der Abend senkt sich wie ein Mantel
und die großen Boulevards sind sauber
   aufgeräumt
und der Junge dort, der mit den langen
   Haaren
bin ich das, der dort, der mit der Gitarre
es ist schon so lang her, als hätt ich es
   geträumt

Ich erinner mich noch an den Tag, es war ein
   Frühlingsmorgen
ich ging, und die Tür fiel hinter mir ins
   Schloss
und vor mir lag die große Straße
und hinter mir, was sie vergaßen
ein Schiffchen war ich, auf dem großen
   Fluss

schenk mir diese Nacht
ich habe so viel an dich gedacht
wirst du da sein, wenn alle schlafen
wirst du meinen Schlaf bewachen
schenk mir diese eine Nacht

sie hatten nichts gewusst von meinen
   Träumen
von den Stimmen aus meinem Niemands-
   land
die letzte Platte lief, dann war ich raus
und niemals, niemals, sagte ich, nie mehr
   nach Haus
und dann kam Nichts, und ich nahm es in die
   Hand

schenk mir diese Nacht
ich habe so viel an dich gedacht
wirst du da sein, wenn alle schlafen
wirst du meinen Schlaf bewachen
schenk mir diese eine Nacht
ich werde diese Straße gehen
ich weiß noch nicht wohin, ich werde sehen
bei euch werde ich krank
ich brauch mein eignes Lebenlang

lasst mich nicht
lasst mich nicht
lasst mich nicht
lasst mich nicht stehen

schenk mir diese Nacht
ich habe so oft an dich gedacht
wirst du da sein, wenn alle schlafen
wirst du meinen Schlaf bewachen
schenk mir diese eine Nacht

Den Rest besorgt die Zeit

etwas in dir wird dich tragen
wenn du glaubst zu schwer zu sein
etwas lässt dir Flügel schlagen
wenn du trudelst wie ein Stein

etwas, irgendetwas wird da sein
wenn du schon nichts mehr siehst
etwas wird dich nachts begleiten
wird dich führen, wird dich leiten
wenn du durch dein Dunkel gehst

eine Stimme wird dich tragen

den Rest besorgt die Zeit
den Rest besorgt die Zeit
spann nur deine Flügel weit und breit
den Rest besorgt die Zeit

etwas in dir wird dich lenken
wenn du denkst allein zu sein
etwas wird dir Größe schenken
fühlst du dich auch noch so klein

etwas, irgendetwas wird dich lehren
wenn du traurig bist
etwas wird dich ruhig betten
wird dich schützen, wird dich retten
wenn du durch die Wolken ziehst

du musst dich nur noch wagen
den Rest besorgt die Zeit
den Rest besorgt die Zeit
spann nur deine Flügel weit und breit
den Rest besorgt die Zeit

schau dich nur im Spiegel an
schau dir deine Flügel an
lass sie ruhig reden
nimm es nur an
nimm es nur an
es ist dein Leben

Sehen

sehen
wie ein neuer Tag beginnt
wie ein Vogel ihn besingt
sehen, wie die Zeit vergeht

sehen
wie das unendliche Licht
durch die Wolkendecke bricht
sehen, wie das Glück entsteht

sehen
wie es ist
ohne Wenn und Aber
dass man nicht vergisst
sehen
und verstehen
nicht dran rühren
einfach sehen

bleiben nur zwölf Meter Straße
ich werde diese Straße gehn
nur zwölf Meter dieser Straße
dem großen Licht entgegen
mein Herz wird mich bewegen
ich werde sehen
was so unbegreiflich ist

sehen
wie in einem Augenblick
alles Leid und alles Glück
zu Ende geht und neu beginnt

sehen
wie aus Hass die Liebe spricht
und das uralte Gewicht
Wasser gleich im Sand verrinnt

sehen
wie es ist
ohne viele Fragen
die man nur vergisst
sehen und verstehen
nicht dran rühren
einfach sehen

bleiben nur zwölf Meter Straße
ich werde diese Straße gehn
nur zwölf Meter dieser Straße
dem großen Licht entgegen
mein Herz wird mich bewegen
ich werde sehen
was so unbegreiflich ist
sehen
wie ein neuer Tag beginnt

Ich war zu früh auf Reisen

weit, so weit, bis übers Meer
ich wollt als Kind schon über alle Grenzen
  fliegen
bis an den Rand der Welt, den Horizont
  besiegen
und weit hinaus und alle Zeit belügen

doch was ich suchte, gibt es längst nicht
  mehr
wie viele Mauern musst ich dafür über-
  winden
so weit ich ging, es war nicht aufzufinden
weit, so weit

halt mich fest
halt mich fest
ich war zu früh auf Reisen
ich bin noch auf der Umlaufbahn
ich find nicht mehr zurück

halt mich fest
halt mich fest
ich will nichts mehr beweisen
ich hab mich in der Zeit vertan
hol mich zu dir zurück

es gibt ein altes Kinderlied
das handelt von längst vergessnen Gärten
von Spuren und von Steinen und von Werten
von Liebe und von alten Weggefährten

es ist vorbei, die Gärten sind jetzt leer
doch in den Träumen wachsen meterlange
  Ranken
trotz aller Mauern, aller Grenzen, aller
  Schranken
sie ziehn mich übers Meer

halt mich fest
halt mich fest
ich war zu früh auf Reisen
ich bin noch auf der Umlaufbahn
ich find nicht mehr zurück

halt mich fest
halt mich fest
ich will nichts mehr beweisen
ich hab mich in der Zeit vertan
hol mich zu dir zurück

halt mich fest
halt mich fest
ich war zu früh auf Reisen
ich bin noch auf der Umlaufbahn
ich find nicht mehr zurück

halt mich fest
halt mich fest
ich will nichts mehr beweisen
ich hab mich in der Zeit vertan
hol mich zu dir zurück

Discographie

KLAUS HOFFMANN
1975/2000 Wiederveröffentlichung

WAS BLEIBT?
1976/2000 Wiederveröffentlichung

ICH WILL GESANG, WILL SPIEL UND TANZ
1977
Live-Mitschnitt

WAS FANG' ICH AN IN DIESER STADT?
1978/2000 Wiederveröffentlichung

WESTEND
1979

EIN KONZERT
1980
Doppel-Live-Album

VERÄNDERUNGEN
1982

CIAO BELLA
1983

MORJEN BERLIN
1985/2000 Wiederveröffentlichung

WENN ICH SING
1986/2000 Wiederveröffentlichung

KLAUS HOFFMANN
1987

ES MUSS AUS LIEBE SEIN
1989

LIVE 90
1990
Doppel-Live-Album

ZEIT ZU LEBEN
1991

SÄNGER
1993

SÄNGER LIVE
1994
Doppel-Live-Album

ERZÄHLUNGEN
1995

SO WIE ICH BIN
1996
Best-of-Doppelalbum

FRIEDRICHSTADTPALAST 20.00 UHR
1996
Doppel-Live-Album

KLAUS HOFFMANN SINGT BREL
1997

BREL – DIE LETZTE VORSTELLUNG
1997
Doppel-Live-Album

HOFFMANN – LEBEN
1998

HOFFMANN – BERLIN UNPLUGGED
1998
13 Demos

MEIN WEG
1999
Zwölf Klassiker

JEDES KIND BRAUCHT EINEN ENGEL
1999
Singleauskopplung aus MEIN WEG

MELANCHOLIA
2000

KLAUS HOFFMANN & REINHARD MEY –
SCHENK MIR DIESE NACHT
2000
Singleauskopplung aus MELANCHOLIA

MELANCHOLIA LIVE
2001
3 CD-Live-Album

AFGHANA. EINE LITERARISCHE REISE
2001
Doppel-Live-Album